ポール・ジョセフ・ガリーノ＋
コニー・シアーズ ＝著
Paul Joseph Gulino and Connie Shears
石原陽一郎 ＝訳

The Science of Screenwriting

脚本の科学

The Neuroscience Behind Storytelling Strategies

認知と知覚のプロセスから理解する
映画と脚本のしくみ

FILM ART
フィルムアート社

THE SCIENCE OF SCREENWRITING
by Paul Joseph Gulino and Connie Shears

This translation of THE SCIENCE OF SCREENWRITING is
published by arrangement with Bloomsbury Publishing Inc.
through The English Agency (Japan) Ltd.

未来の物語作者たちと彼らの想像力から生まれてくるはずの美に

脚本の科学―目次

凡例

・原文のイタリック体において、協調の意味で使用されている場合は傍点で示し、専門用語としての使用されている場合は太字（ゴチック体）で示した。
・原注は（ ）付きの数字で示し、各章ごとに末尾にまとめた。
・訳注は＊で示し、同ページ欄外に記した。
・文中の〔 〕は訳者による補足説明を表す。ただしそれ以外にも、文意に即して最低限の範囲で語を補う。
・引用文中の［……］は、原著者による中略を意味する。
・書籍名、雑誌名、映画作品は『 』、論文タイトルは「 」で示した。
・本文中に言及される書籍で、未邦訳の書籍の場合は、原題（英語）を基本とし、本書訳者による日本語訳タイトルを（ ）で併記する。

イントロダクション

あるいは、私は猫を救ってヒーローを旅立たせるべきであろうか？

創造的な芸術は、豊かで、一見したところ無限の広がりをもつように思えるが、ひとつひとつは狭い生体のチャンネルを通して人間の認知のフィルターにかけられる。(1)

――エドワード・O・ウィルソン

多くの脚本の入門書や講座、セミナー、講演、ブログ、動画、フェイスブックのページは、宇宙の膨張よりも急速なスピードで拡大しているようにみえる。アドバイスはいたるところに転がっており、そのそれぞれは互いに矛盾していることが多い。単一神話（モノミス）があったかと思えば英雄の旅（ヒーローズ・ジャャーニー）があり、プロットポイントがあるかと思えば十七のステップ（さらには二十二のステップ）があったり、三幕だったり、四幕だったり、七幕だったり、ゼロ幕だったり、という具合だ。

本書は、この情報の洪水を泳ぎ渡るための、より深いレベルでの理解に関わる問題を探る試みだ——すなわち人間の生理学および心理学のレベルのことだ。脚本を読んだり映画を見たりしているとき、読者や観客の脳内で進行している認知や知覚のプロセスはどのようなものなのか？　脚本家／映画監督はどのようにこうした脳のプロセスの知識を活用して、より効果的で感情的にインパクトのある題材を生み出すことができるのだろうか？　脚本家や映画監督はいつ「ルール」に従い、いつルールを破ればいいかをどのようにして知るのだろうか？　そしてこうしたルールはまずどこから出てくるのだろうか？

本書は、どのようにして人間の脳のプロセスが視聴覚的情報を処理するのかということについての役に立つ知識を読者に紹介する。そしてどのようにして映画が観客に影響を及ぼし、なぜ成功した映画はいくつかのパターンに従う傾向をもつのか、そして、観客が脚本あるいは映画をどのように知覚するのか、それにはどんな科学が教えをもたらしてくれるのか、ユニークな理解の方法を伝授する。そこで私たちはまず、観客がメインキャラクターや、状況説明や、原因と目的や、場面の構成と緊張や葛藤とどのように関係しているかについて一般的に通用している原則を調べ、その後で、こうした原則の科学的根拠を掘り下げて考えることにする。これは脚本家や映画監督が使うことのできる効果のある戦略と、またそれをどのようにして効果的に実現するかについての科学の教えに基づいた1クラス上の脚本入門書である。人間の知覚の限界と観客の脳の無限の認知的プロセスを理解することは、いろいろな伝統的なツールを完全に混ぜ合わせクリエイティブに活用する助けとなるだろう。

本書は医学部進学課程の学生向けではない。脳外科は敷居の高い職業だが、本書を読了すれば脳のスペシャリストになることを恐れる必要はなくなる。脳はあらゆる生体器官のうちでもっとも複雑かつ神秘的なものだが、すべてが一つの目的のためにできている――生命を維持することだ。脳機能イメージング*全盛の現在、誰もが脳に対する意識の高い消費者になっている。誰もが脳科学者になっているとはいわないまでも。脳回と脳溝――大脳皮質の奇妙な隆起と襞のこと――の絡み合いは、テクノロジーのおかげで鮮やかなカラー画像で見ることができるようになっている。このテクノロジーのおかげで今では脳の持ち主がまだ存命で元気なうちに、フルに機能している脳を研究できる。（画像に面食らってはいけない――生きている脳はくすんだ淡いグレーであり、素敵なイエローでもブルーでもない。けれども、ちょうど脚本が白いページにくっきりとした黒い文字で書き出されるように、脳機能イメージングの画像は構造上の違いがわかるようにさまざまな色を使って細部が巧妙に描きこまれているのだ）。本書は脳の機能にフォーカスを当てているが、脳の構造にはそれほど当てていない。結局、あなたが理解したいのは、観客がどのようにあなたの作品を評価するかであって、どのように電子が脳のシナプスの中のカルシウムチャネル（細胞の生体膜にあり、細胞内の電位を調整するためにイオンを流出入させる経路となるタンパク質の層）を刺激するかではないからだ。

第1章では、脳が世界についての知識からではなく、世界についての手がかりから現実をどのように構築しているかを示す。その手がかりを、脚本家と映画監督は強力な効果を出すために操

＊　脳機能イメージング
生きている人間の脳内の各部位の生理学的な活性を測定して画像化すること。脳の各部位がさまざまな精神活動においてどのような機能を担っているかの研究資料になる。

作することができる。第2章では、生き残ることを何よりも優先して考えるという脳の性質を探る。脳のこの性質ゆえに、観客はキャラクターと感情的な絆を結ぶのだ。さらにこの章では、「キャラクターアーク」〔ストーリーが進むにつれて登場人物に起きる内面的変化〕という概念の進化論的な根拠を探り、ヒーロー（英雄＝主人公）が果たしてストーリーの中の一員になっているかどうかを理解する。第3章は観客の感覚器官をざっとひとめぐりしてみるが、さまざまなかたちをとったコントラストの使用が、どのようにして映画監督と脚本家が直面する最大の危険を避けるために役立つかということに注意を向ける。その危険とは、観客を眠らせてしまうことだ。第4章は「インフォダンプ」の使用と乱用について、および、どのように作り手自身が状況説明に楽しみを味わうことができるのかについて論じる。第5章では、人間の認知能力の根本的な不思議が紹介される。この章では因果関係に沿って世界を理解したいという人類のやみがたい衝動と、観客に筋をたどらせるにはどうすればよいかが考察される。第6章では注意力が入念な取り扱いを要する貴重で便利なものとして論じられ、第7章は葛藤をテーマにする――一体なぜ私たちは実生活では葛藤を避けるのに映画ではその誘惑に逆らえないのだろうか？　第8章では、注意を観客の脳から脚本家と映画監督の脳へとシフトさせる。クリエイティブな能力は生活のスキルとして役に立つのだ。第9章では、脚本を科学的に解明するいくつかのアプローチを試みる。最後に第10章で、それまでのバラエティに富むレッスンを総ざらいして、どのようにジョージ・ルーカスが『スター・ウォーズ』であれだけの儲けを叩き出したかを理解する。願わくばあなたも儲けにありつけますように。

本書は主として映画にフォーカスを当てるが、ときにはストリーミング配信もしくはテレビの連続ドラマから事例をとっている。連続ドラマを視聴するときの知覚および認知のプロセスは、映画を鑑賞するときに用いるものと基本的に同じである。

　ボーナスとして、そして科学の精神に則って、各章の末尾に自分で実際に試せる知覚と認知の実験を載せてある。

　コミュニケーションとパフォーミングアーツの哲学者イネス・アドルネッティ[2]は、ホモ・サピエンスにおける言語の発達そのものがストーリーを物語る必要性から生まれたと指摘している。私たちの前頭葉が（地球上のその他の生物に比べて）桁外れに大きなプロポーションに進化したのは、人間の言語能力に密接に関係している。アドルネッティによると、道具の使用や出来事の前後関係を説明する必要が、ことばで説明する必要、物語る必要を生み出した。なんらかの変化や目標への到達という結果を説明するには、ものごとを順序立てなければならない。そんなわけで、ストーリーというものは説明の必要から、人間ならではのコミュニケーションの方法として生まれたのだ。本書そのものが言語というツールと同じように、あなたにとって強力なツールとなればうれしいと思う。

原注

（1）Edward O. Wilson, *The Social Conquest of Earth* (New York: W. W. Norton, 2012), p. 268.〔エドワード・O・ウィルソン『人類はどこから来て、どこへ行くのか』（斉藤隆央訳、化学同人、２０１３年）、３２１頁〕

（2）I. Adornetti, "On the Phylogenesis of Executive Functions and Their Connection with Language Evolution," *Frontiers in Psychology* (2016), doi:10.3389/fpsyg.2016.01426.

第1章

情報の流れの科学

あるいは、スキーマとトップダウン型vsボトムアップ型の認知的ショートカット

道を歩いていたら唸り声をあげる大きな犬に出くわしたとしよう。おそらくあなたの自然な反応は持ち物を放り出して近くの木によじ登り、犬が手を出せないところに逃げることだろう。実際にそうしたとしよう。そして少し後であなたは木の上から次のような光景を目にする。別の女性が、唸り声をあげる同じ犬への反応として単に手を叩くと、それに合わせて犬が尻尾を振り、楽しげにい、い、い、い、い、い、い、い、い、い、い、い、い、い、い、い、い、飛び跳ねる。

この時点であなたは人間の脳の中で起こる二種類の認知プロセスを経験している——本書のほとんどの章で説明されるのはこのプロセスについてだ。脚本家（および映画監督）が、不十分な情報に基づいて結論に到達する観客の傾向をわきまえていれば、それを使って素晴らしい効果を手に入れ

ることができる。特に、観客の期待を操作し、裏切ることによって。

トップダウンとボトムアップ

知覚のプロセス——五感をすべて巻き込むもの——は、外部からの身体的刺激に依存し、**ボトムアップ**のプロセスと名づけられている。入ってくる感覚的刺激は、あなたの感覚器官を通して生のままの刺激、つまり光の波長、形、大気中の振動としてやってきて、脳のニューロン〔神経細胞〕に移動する。刺激は「ボトム」（外界）から始まり、脳に上がってくる。

次第に私たちの経験はさまざまな記憶として集められ、脳の「経験構造」の中に感情および複数の刺激間の関係が構築される。ひとつひとつの新しい経験をストックしておく単一の脳の場所というのはなく、大脳皮質の内側、あるいは大脳皮質下領域の構造内にいくつかのキープレイヤーたちがいる。それらはthalamus（視床）、amygdala（扁桃体）、hippocampi（海馬）というようなエキゾチックな名前をもっている。現実世界から入ってきたエネルギーはすべて電気的なインパルスのパターンになり、最終的にいろいろな概念やカテゴリーに組織される。このプロセスは私たちが生きている間ずっと進行するが、特に、生まれてからすぐの時期に活発だ。この時期は脳が新しい情報のほぼ恒常的な流れにさらされている。外界の刺激をくりかえし経験するにつれて、私たちは世界や他人や自分を知り始める。経験をベースとするこの情報処理は、いわゆる**トップダウン**の情報の流れを可能にし、物や出来事についてのその人なりの理解へと進化する。外界は、私たちのめくるめくような複雑きわまりない感覚組織を通して脳に入り、脳があらかじめストックされていた情報と

図1.1　こんな犬に出くわした経験があるだろうか？（Art_man/Shutterstock）

新たに流れ込んだ情報を照合した後で、はじめて知覚される。

このようにして、唸り声をあげる犬に対する私たちの反応は、歯をむき出した動物を実際に目にすることだけに基づいているのではない。その反応は脳の経験構造にあらかじめストックされていた情報の結果だ。唸り声をあげる犬がどう見えているかについての情報が、唸り声をあげる犬がその歯であなたに対して何をすることができるかについての情報と突き合わされるのだ［図1.1］。私たちの情報処理は脳（**トップ**）ではじまり、現実世界での私たちの行動（**ダウン**）を決定する。

カナダのプリンス・エドワード・アイランド大学の心理学者A・J・コーエンは、トップダウンとボトムアップの交差を、読者あるいは観客の脳内で「**制作中の物語**」（working narrative）が形成されることと説明している。コーエンの「制作中の物語との適正な連携モデル」［図1.2］では底の方から順に、情報の入り口となる六つの感覚のソー

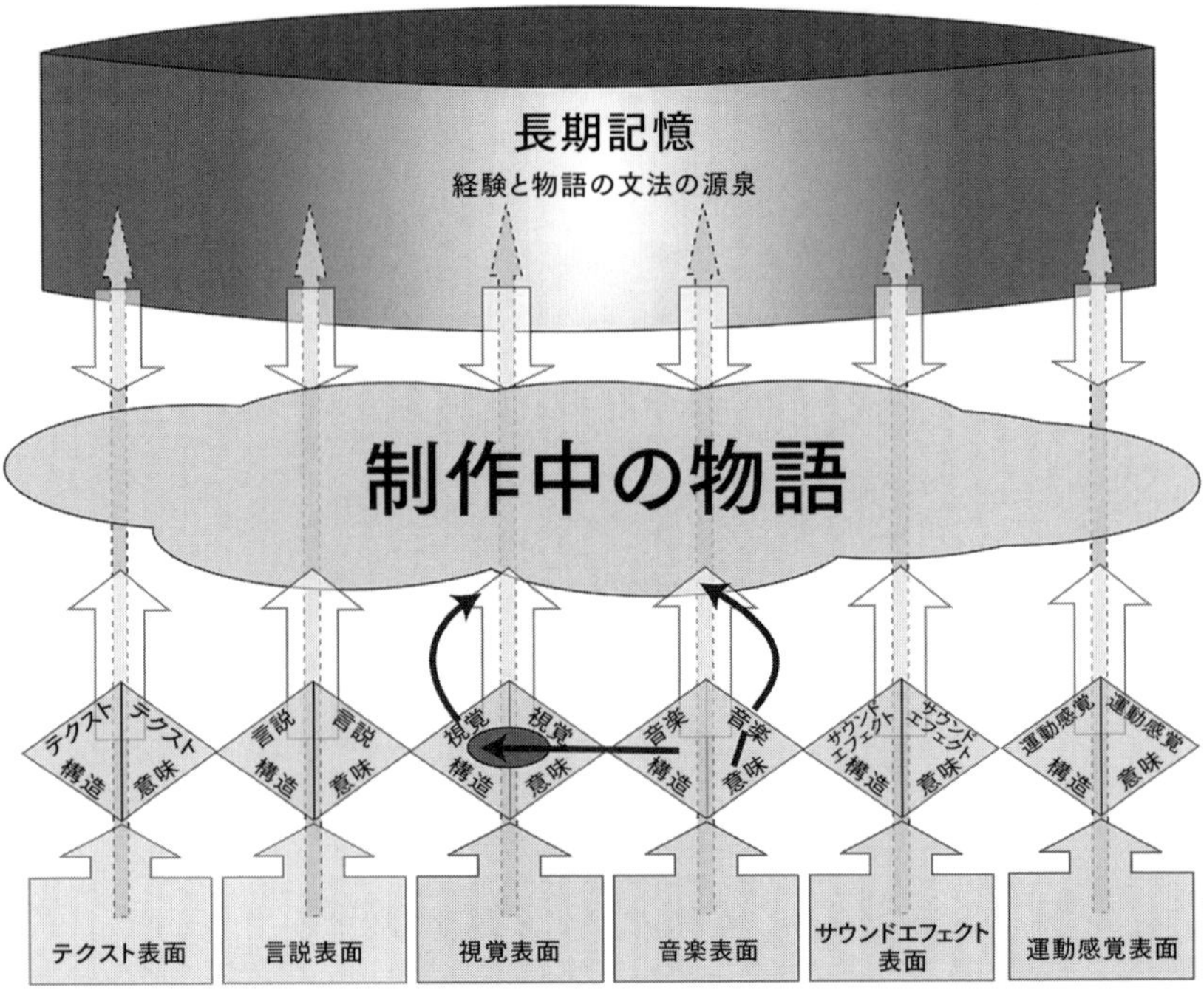

図1.2　コーエンの「制作中の物語との適正な連携モデル」

スである「**表面情報**」と呼ばれる現実世界のエネルギー（冒頭のシナリオの唸り声をあげる犬の役割）がある。次に視像と音響――電気化学的な脳の活動に変換されている――が、意味の探求とコネクトし始める。そして、「**長期記憶**」と呼ばれる、私たちのすべての人生経験、期待、理解力が下方に送られて、すでに知っているものを新たに入ってくるものに結びつける構造を形成する。ここは私たちがあの唸り声をあげる犬から逃げて木によじ登るところである。コーエンのモデル「制作中の物語との適正な連携モデル」が図解しているのは、観客の脳が映画をボトムアップ型の視像と音響として受け取り、それを自分たちのトップダウン型の期待に連携させているところだ。この期待は図の中程にある雲状の部分（「**制作中の物語**」）で示されているが、これはあなたの書いたストーリーが理解されつつあり、観客の側の物語が制作されつつある場所だ。

しかし、あなたが木によじ登ったあとで現れた女性は、同じ視覚情報を受け取ったのにあなたとは別の反応をした。なぜだろうか？　この場合、彼女の脳にはあなたの脳に欠けているいくつかの情報が含まれていた――これは彼女の犬だったのだ。彼女はそれ以前の経験から知っていたのだ。飼い犬が遊んでもらいたいときに唸り声をあげることを。

実際に彼女はあなたとは別の**スキーマ**[*]に従って行動していた。

スキーマ（あるいはスキマータ）

私たちの脳はとても複雑だが、感覚を通じて入ってくる大量の情報によってすぐにパンクしそうになってしまう。その結果として、脳はいくつかの重要なショートカットによって動く。スキルのあるストーリー作者は、観客の注意を引きつけるための重要な方法を用いてこうしたショートカットを操作することができる。

＊　スキーマ

物事を理解して適切に行動するための、過去の経験や外部の環境に関する、構造化された知識の集合や認識の枠組みのこと。関連する複数の概念や対象がひとまとめになった体系であり、本人の意志とは無関係に作動する。長期記憶に貯蔵されている、出来事、行為、事物などについての一般的知識。スキマータ（schemata）はスキーマ（schema）の複数形。

図1.3　もしあなたがこれが何であるかを考えずに蝶であると認識したのなら、それは脳のトップダウン型の情報処理のおかげだ。（USDD/ARS）

そのようなショートカットの一つは、対象認識だ。たとえば、目を通して入ってくる多様な刺激が、最初はひとつの形をくっきり浮かび上がらせるオレンジと黒のパターンに見えたとする。こうした細部は脳の記憶に細かくノートされ、ストックされるだろう（ボトムアップ型の情報処理）。しかし、一度これらの細部が蝶として特定されると、これ以後の同じ刺激との出会いは、細部にわたる分析をしなくても、瞬間的に蝶として認識されるだろう（トップダウン型の情報処理）［図1.3］。認識は、ほぼ瞬間的に起こる——あなたの生命が、危険な動物や食べられるものを即座に認識できることに依存しているのであれば、これは大きな利点だ。加えて、あなたが蝶を初めて見る経験——暖かい晴れた日、青空には雲が湧き、あなたの世話をする誰かが「なんてきれいなんでしょう！　蝶よ！」と叫ぶ——が対象認識を形成し、次にその対象を見る時の態度と反応の仕方を決定する。もし対象との最初の出会いが寒くじめじめした日で、誰かが「蜘蛛よ！　踏みつぶして！」と叫ぶと仮定した場合のあなたの反応を考えてみてほしい。

こうして、脳の対象認識はボトムアップ型とトップダウン型の情報の流れを密接に結びつける完全に自律的なプロセスであることがわかる。事実、私たちは、ものや人の認識を意識的にコントロールできる能力を本当はもっていない。認識は自然に起こるのだ。

もう一つのとても重要な認知的ショートカットは、スキーマ（あるいはスキマータ）と呼ばれている。すなわち、関連するいくつかの概念あるいは対象をひとまとめにした体系であり、ふつうは個々の「**シーン**」の内側にある——「シーン」という語はこの場合、科学的な意味をもち（「地」によって変化する「図」のこと）、映画のシーンとは区別される。たとえば、あなたが部屋に入ってラッピングされた箱の山、リボン、紙のお皿とプラスチックのフォークが置かれたテーブル、キャンドルを刺したケーキを見たとする。あなたの脳は誕生日パーティーというスキーマを発見するだろう。

けれどもトップダウン型の情報処理には、単にパターンや体系化されたショートカットを認識する以上のもう一つの重要な側面があり、それはあなたの行動に影響を与える可能性がある。事実、感覚から受け取る情報の多くは不完全であったり曖昧であったりし、脳はその結果としてきわめてクリエイティブな能力に富んでいる。経験に基づく推測によって積極的にブランクを埋めるのだ（これは心理学では**構築主義**の理論として知られている）。

先ほどあなたが出くわした唸り声をあげる犬は、一つの**シーン**の中の対象だった（見知らぬ犬、剝き出した歯、予期せぬ出会い）。そして、あなたの反応は、逃げることだった。しかし、犬と遊んだ女性はまったく別の反応をし、その反応は「私の犬」という情報によって彼女の行為に影響を与えた。あなたが不完全な情報ゆえに下した結論は、真実ではないことが明らかになった。唸り声をあげる犬は危険な犬ではなかったからだ。一つのスキーマと矛盾する新たな情報が出てくるとき、心理学ではこれをスキーマの「**破壊**」という用語で呼んでいる。

スキーマを構築しようとする観客の傾向は映画監督によってどのように活用されているのだろうか？　基本的に、あなたが映画で「驚きの展開」を経験するときは、いつも監督があなたに「手がかり」を与えている可能性がある。それによってあなたは一つのスキーマを構築し、ついであなたの手の内にあった情報と照合することで、そのスキーマを破壊する。

実際の映画から例を引くことはいくらでもできる。

一九八四年の映画『トップ・シークレット』の中のいくつかの視覚的なギャグは、観客に不完全な情報を与えることによって生まれている。そうすることで観客の頭の中にトップダウン型の連想を構築させ、それが新しい情報と照合されることで虚偽であることがわかるのだ［図1.4］。

このようなトップダウン型の構築の別の例［図1.5］を、一九四九年の映画『第三の男』に見ることができる。手がかりは脅威を暗示している。しかし現実はまったく違うことが明らかになる。

フレームvsシーン

スキーマとはひとまとまりの知識の体系であり、「**フレーム**」内に置かれる。「フレーム」とは、観客が図1.5の不気味な影を暗くて人気のない街路という一つの額縁の内部で見ることを可能にする境界のことだ。それゆえフレームとは心の中の枠組みであり、観客の経験に基づく期待（観客のスキーマ）をかき立てる。『第三の男』のカメラが視点を変えて影の主を明らかにするとき、観客は

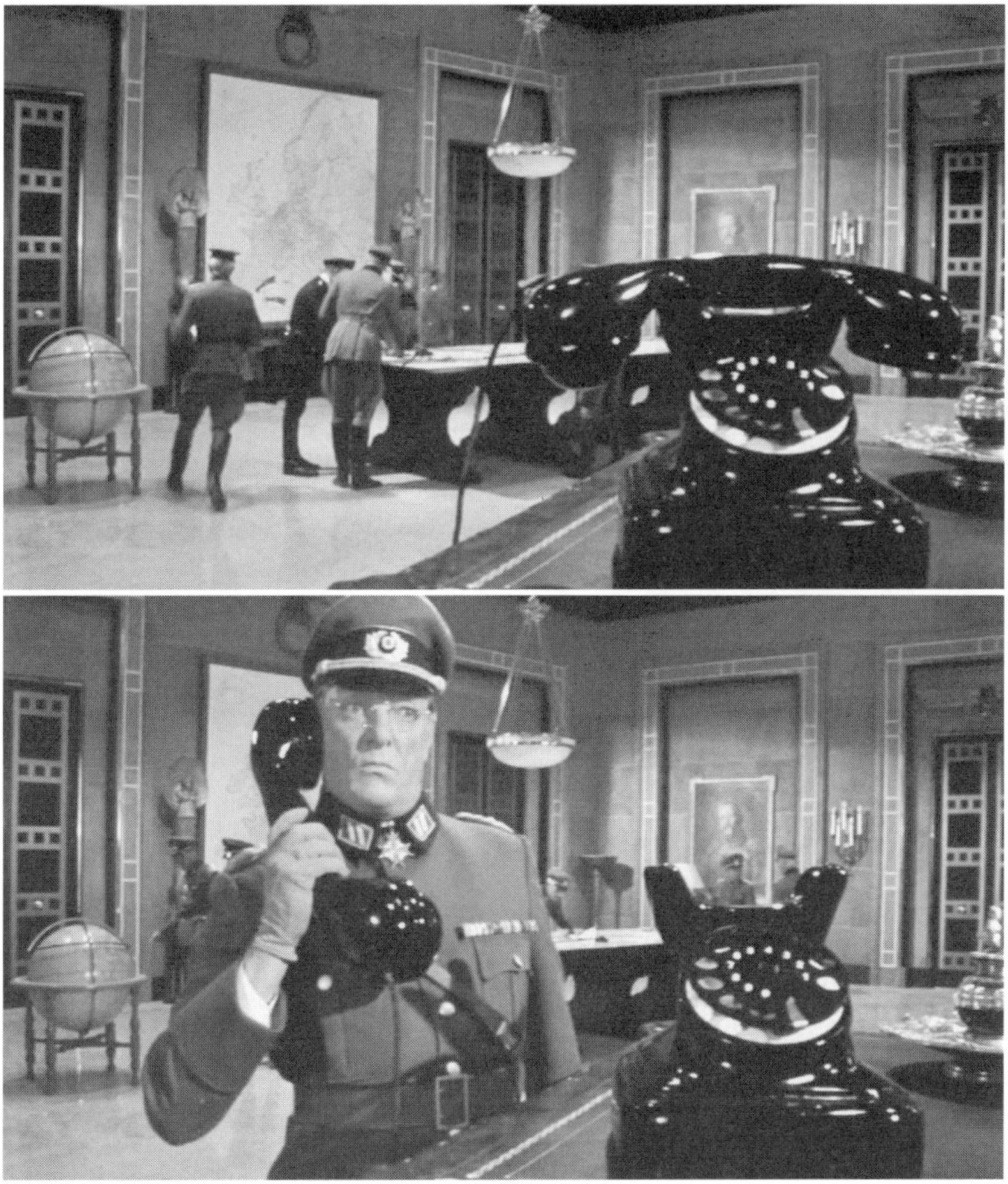

図1.4　ここでのスキーマのシーンは、画面手前のデスクに一台の電話器が置いてあるオフィスだ（上）。しかしすぐに私たちは新しい情報を手に入れる。これは巨大な電話器なのだ（下）。新しい情報は心理学者によってスキーマのシーンの**破壊**という用語で呼ばれている。『トップ・シークレット』（84）より。

図1.5　暗い通りに映る人物の影は脅威を暗示し、『第三の男』（49）のキャラクターと観客に大きな不安をもたらす。影の主が無害な風船売りの老人であるという新しい情報を手に入れると、スキーマのフレームが破壊され、私たち（およびキャラクター）は安心して「なんでもないよ」と言える。

自分の期待を裏切られる。フレームのこのような破壊は緊張を生み出し、そのおかげで観客の注意を引きつけたままにしておくことができる――これこそあらゆるストーリー作者がまずしなければならない仕事だ。

脚本家と映画監督にとっていちばん重要なのは、スキーマ内の二つめの知識だ。それは心理学者にはよく知られているもので、スキーマの**スクリプト**と呼ばれている――観客が個々のスキーマと結びつけるようになるアクションのことだ。たとえば、先ほどの誕生日パーティーのスキーマでは、フレームは家庭かもしれないし特定の場所での集まりかもしれない。スキーマのスクリプトは、次のようなアクションを含むだろう。ゲストの到着、キャンドルの点灯、ハッピーバースデーの歌の合唱、そしてプレゼントの開封。しかし、皆がハッピーバースデーを歌ったあとで、銃を持った男がケーキから飛び出して人々を銃殺するとすれば、スキーマのスクリプトは破壊される。予期しないアクションが観客の注意をわしづかみにしたのだ［図1.6］。

『トイ・ストーリー』（95）のオープニングは、スキーマのスクリプトのわかりやすい例を提供してくれる。「誕生日パーティー」のスキーマにとっての手がかりが、観客がこれから目にすることになる一続きの出来事を予想させてくれる。ゲストの到着、プレゼントの開封、ケーキ、アイスクリームというような。この場合、観客がスキーマを発見することに続く出来事は、観客の期待と一致している。このように、スキーマは破壊されず、「驚きの展開」はない。

スキーマの破壊のもう一つの例が、『アダム氏とマダム』（49）に見られる［図1.7］。最初に観客は、アダムの手の中の物体が銃であることを認識する（上）。だから、スキーマのスクリプトは明白だ。

図1.6 『お熱いのがお好き』(59)から引いたこの場面で、スパッツ・コロンボ(ジョージ・ラフト)は彼のスキーマのスクリプトを破壊されるだけではすまない。以下のことに注意してほしい。銃を持った男が誕生日パーティーのスキーマのスクリプトを明らかに破壊しているのに対し、この場合観客は銃を持った男についてあらかじめ情報を得ていたので、厳密に言えば、観客のスキーマのスクリプトは破壊されていない。犠牲者のスキーマのスクリプトだけが破壊されたのだ。

図1.7　『アダム氏とマダム』（49）のスペンサー・トレイシー。映画の作り手たちはここでアマンダ（キャサリン・ヘプバーン）と観客を怖がらせる対象認識を利用し、隠しておいた情報をあとから注意深く明かすことで私たち皆に安堵のため息をつかせる――そのおかげで本作はアカデミー賞脚本部門にノミネートされた（受賞には至らず）。

彼はアマンダを撃とうとしている。それから彼は銃を口に入れることで、このスキーマのスクリプトに基づいたアクションを破壊する（中）。そこで新たなスクリプトが現れる。彼は自分を撃とうとしている！　最後に、それを噛み砕く（下）。またしてもスキーマのスクリプトが破壊される。観客はそのとき、新しい情報を学ぶ。それは登場人物がずっと手中にしていた情報である。銃はキャンディーでできていたのだ。

観客の側の予想を生み出したうえで操作するやり方を知っている脚本家は、脚本全編にわたって観客の注意——そして関心——を引きつけたままにすることで、きわめて有利な立場に立つ。映画監督の場合も同じだ。その監督がオープニング・ショットからエンディング・ショットまで観客の注意を引き止めたいという明確な意図をもっているならば。

スキーマは人それぞれ

人はそれぞれ違った経験をするので、スキーマも人それぞれだ。最初に挙げた事例の女性はさまざまな経験をしているが、その中に飼い犬との経験も含まれている。あなたの経験は違う。あなたの誕生日パーティーのスキーマには、キャンドルとケーキが含まれている。私のには泡とシャンパンが含まれている。だとすれば脚本家はどのようにスキーマを利用するのだろうか？　そして私たちは行ったことのない場所——たとえば宇宙とか〈中つ国〉——についてのスキーマをどのようにして構築するのだろうか？［図1.8］

図1.8　こんなクリーチャーに出くわした経験があるだろうか？　もしなくても心配には及ばない。あなたはやはり『ロード・オブ・ザ・リング』（01）を楽しむことができる。なぜなら、映画の作り手たちが〈中つ国〉というファンタジーの世界についての手がかりを提供してくれているからだ。それを観客は個人的な経験（オークというこのクリーチャーの場合なら、おそらく獰猛な犬とか、あるいはひょっとしたら不機嫌な親類）と、シェアされた経験（野獣に出くわした他人の証言）の両方に結びつけることができる。

脳は個人的な経験だけをあてにしなくてもよい。シェアされた知識のおかげだ。自然法則および人と共有された文化的影響は、誰にとっても共通だ。私たちのほとんどは宇宙に行ったことがないが、行ったことのある人たちのことを知っており、その人たちがどのような経験をしたかを学ぶと、その人たちの経験が私たち自身の経験の一部になる。こうして私たちは「**学習された経験**」を利用することで、さまざまな場所についてのスキーマ、あるいは私たちが直接には立ち会っていない経験についてのスキーマを構築する。

私たちは遠く離れた銀河系の果てには行ったことは一度もないが、夜空にまたたく星々にはなじみがあり、宇宙船や、発射台の弾幕にさえなじみがある。他人が私たちとシェアした経験を取り入れたおかげだ。だから誰かが実際に〈中つ国〉を訪ねた証拠がなくても、私たちはJ・R・R・トールキンや監督のピーター・ジャクソンによって与えられた手がかりに基づいて、彼らが想像で作り出した、一つの世界についての合理的な一連の経験を構築することができる。覚えておいてほしいことがある。観客はわくわくする思いを味わいたくて入場料を払うのだ。二時間かそこらの「現実離れした」世界に没入したいために。映画の見方をわきまえている私たちは、たとえ直接の経験がなくても、場所や出来事についての期待――スキーマのフレームおよびスクリプト――を進んで構築ないし適用するのだ。

一〇〇％の鉄板映画公式は見つからない

一本の映画を理解するために観客は「持ち込み」を要求される――人生経験を通して作られた観客自身のスキーマを持ち込み、映画の隙間を埋めるのだ。また、私たち一人一人は独自の人生経験をもっている。以上の理由から、一本の映画に正確に同じやり方で反応する人間は二人といない。歴戦の古参兵は『プライベート・ライアン』（98）を尼僧と同じようには観ない。[1] さらに、一本の映画が大ヒットした場合、その映画を観たという事実そのものが、その後に観る作品への接し方を微妙に変えてしまうこともある。ひとたび誰もが『アバター』（09）を観たら（あるいは少なくとも『アバター』の話を聞いたら）、『アバター』によく似た映画は『アバター』と関連づけて見られるだろう――当の『アバター』を観るときには、このような問題は明らかに存在していない。

以上のような理由で、脚本を書いたり映画を撮ったりするときに、観客の一〇〇％に効く公式はけっしてありえない。これは喜ぶべきことだ。というのは、もしそういう公式があったら、創造性や独創性あるいはイノヴェーションの必要はないわけで、血の通った映画芸術は誰にとっても同じように作用するアスピリンのように味気ないものになってしまう（製薬業関係の読者を批判しているわけではない）。

これ以後のいくつかの章では、映画ないし脚本への観客あるいは読者の反応と積極的な参加をあらかじめ見通すための秘訣を探求する。トップダウン型の情報処理は複雑で、脳の多くの領域に関わる。けれどもいくつかのシンプルで一般的なテクニックがある。成功する脚本家と映画監督は——意識的かどうかを問わず——長年それを使い、理論家はそれを観察してきた。

この章で学んだこと

- あなたが知覚している世界の多くは、実際には脳によって「構築」されている。生のままの刺激（光、音、匂いなど）はひとつの流れとなって感覚から脳へと運ばれる。この流れはそのすべてを理解するための脳の容量をオーバーしてしまう。そんなわけで、脳は入ってくる情報を体系的に処理するためにさまざまなショートカット——**対象認識**と**スキーマ**——に依存する。
- こうしたショートカットは、外界から入ってくる手がかり（ボトムアップ型の情報処理）を、それまでの類似の刺激との出会いから脳にストックされていた概念やカテゴリーと照合することによって行われ、この照合に基づいて、いまこの瞬間に知覚されているものに結論を下す（トップダウン型の情報処理）。

- スキーマ――体系化された知識のまとまり――には二つのフレーバーがある。**フレーム**と**スクリプト**である。「**スキーマのフレーム**」の場合、私たちは対象が一定のやり方で配置されているのを見て、その配置（たとえば、誕生日パーティーとして認識される手がかり）をもとに結論を出す。「**スキーマのスクリプト**」は、そのスキーマのフレームの内部で起こると予測される一連のアクションあるいは出来事だ（たとえばゲストがまもなく着く、など）。
- 私たちの脳は手がかり――すなわち不完全な情報――に依存しているので、騙されて虚偽のあるいは欠陥のあるスキーマを作り出してしまう可能性がある。それはより完全な情報が明らかにされるとき、**破壊される。**
- 脚本家／映画監督はどのような手がかりが読者／観客に与えられるか、そしていつ重要な情報が明らかにされるかをコントロールしているので、〔スキーマの〕破壊を作り出すことで観客の期待を操作することができる。このような破壊は、読者あるいは観客の内に緊張を生み出す。この緊張が彼らを椅子からのりだしたままにさせ、うとうとさせたりデザートのことを考えたりさせないのだ。

脚本検診――手がかりと構築主義の作業

いろいろな手がかりを整理して一つのシチュエーションを理解し――ついでにそのようなシチュ

エーションを作り出すことのできる脚本家の才能を理解する――、観客の傾向を調べることは有益な訓練だ。

二つの場面を書いてほしい。最初の場面では一人のキャラクターがある場所で何らかの行動をしている。この行動をしているあいだ、彼ないし彼女は人々が別の場所に出入りするのを目にする。この別の場所はビルであっても、もしくはそれ以外のなんらかのスペースであってもいい。キャラクターは人々が出入りするのを見て、彼らが何をしているのか理解し始める。とうとう少々あわててこのキャラクターはこの場所へ行って様子を探ろうと決心する。第二の場面では、キャラクターはその場所へ行き、実際に起こっていることを発見する。意外な展開を思いつくことができるだろうか？

- 別の場所で何が起こっているかについてどんな視覚的な手がかりをキャラクターと観客に与えることができるだろうか？　小道具、衣装、ふるまいについて考えてほしい。
- このキャラクターがどんな人かが伝わる行動として、どんな行動を思いつくことができるだろうか？　この行動が、キャラクターがすぐにその場所に様子を探りにいくことをさまたげている可能性もある。

知覚の実習——現実がどこにあるかは視点によりけり

以下の実験は、両眼の視覚（人間には眼が二つある）がいかに現実世界で物体を動かしているかを教えてくれる（実際に動くわけではなく、脳が視差を調整するために位置をシフトさせるのだ）。

右目を閉じて、目から二十センチほど前方に指を一本立て、指が遠くにある物体を部分的に覆ってしまうようにしてほしい。そして左目だけを開けたまま、物体に直接フォーカスを合わせてみよう。次に、左目を閉じ、右目を開け、遠くの物体にフォーカスを合わせたままにする。指の位置はどうなっているだろうか？　遠くの物体はどう変わっているだろうか？　現実の世界は、指も含めて、動いていない。ところがあなたは手持ちの情報のみで新たな視野を手に入れた。

この操作を何度もくりかえして左右それぞれの目から物体の細部がどう見えるかを調べれば、視覚のシステムは、目から入った光が脳に達すると同時にその光を再構築しているのだということがわかる。

原注

（1）これは特にジョークについて言える。それは要点だけのストーリーであり、その細部は同じように聞く人によって隙間を埋められる。こうした理由でジョーク（そしてコメディ一般）はよく知られているようにその文化に特有のものなのだ。テッド・コーエン（Ted Cohen）の*Jokes: Philosophical Thought on Joking Matters*, University of Chicago Press, 2008における議論を参照してほしい。本書が出版される時点でIMDb〔インターネット・ムーヴィー・データベース〕でトップにランクされているコメディ『街の灯』（31）は三十四位、つまり上位に三十三本のコメディでない作品があるのだ。世界的に受け入れられているコメディを作るのは並大抵のことではない。

第2章

メインキャラクターと感情的につながることの科学

あるいは、なぜ私は覚醒剤のディーラーが捕まりはしないか気が気でないのか？

すぐれたメインキャラクターを作り出すことについての多くのアドバイスは、長年にわたって存在してきた。デヴィッド・ハワードは『The Tools of Screenwriting（脚本のツール）』の中でこう言っている。「すぐれた主人公は観客の強い感情的反応を引き起こす［……］。大切なのは、観客が主人公から分離していると感じないことだ(1)」。

ロバート・マッキーは同じ問題をこう言い表している。「観客の感情移入は、共感という接着剤によって支えられている。作り手が観客と主人公の絆を結べなければ、観客は何も感じない傍観者となる」[2]。

ブレイク・スナイダーは彼の脚本の教科書に『SAVE THE CATの法則』というタイトルをつけているが、これは観客に主人公を気に入らせるために使われる技法からとられている。「〈SAVE THE CAT〉とは私が名づけたシーンだ。〔……〕このシーンでは、観客は初めて主人公に出会い、主人公が何らかの行動を起こす――危機一髪のところで、猫を救うとか。このシーンによって観客は主人公の性格がわかり、しかも共感し好きになる」[3]。

これは堅実なアドバイスのように見えるが、あなたが猫好きであることが前提になっている。スナイダーのアドバイスを受け入れる人は、十万ドルの報酬を手に入れるために人を殺める決心をする男をメインキャラクターに選ぶようなことは断固として拒否するだろう。あるいは、暴行や法定強姦の罪で服役していた男や、立ち上げたビジネスで親友を騙して数千ドル巻き上げる男や、メタンフェタミンを調合して売る男を。

そのような拒否はとても残念だ。なぜなら、そのようなことをすれば、『深夜の告白』(44)、『カッコーの巣の上で』(75)、『ソーシャル・ネットワーク』(10)、『ブレイキング・バッド』(08–13)といった作品は生まれていないだろうから〔図2.1〕。

人生のすべて

科学的な見地からは、人生には一つの目的がある。子供を作れる年齢に達し、うまく子孫を残すことだ。映画の観客にとってこれが意味しているのは、単に恋人たちが首尾よく一緒になる映画を

図2.1　『カッコーの巣の上で』（75）のR・P・マクマーフィー（ジャック・ニコルソン）はレイプ犯で、なまけもので、粗暴な無礼者で、しかも愛されるメインキャラクターだ。

見るのが好きだということにとどまらない。観客は映画の中で起こっていることを心配する（care）能力に恵まれているということが重要なのだ。

多くの動物は社会的に発達する――群れや大群や学校やコロニーといったかたちで。そのような集団の中で支えあったり守り合ったりすることは、生物がうまく子孫を増やす助けになる。人類も群れをなす動物として進化してきたが、人類の進化は特殊である。なぜなら、脳の前頭葉――進んだ複雑な理性のはたらきの中枢――の信じがたい発達を伴ってきたからだ［図2.2］。

脳の原始的な部分で、側頭葉に位置する感情の中枢［図2.3］は、実際に何かを「見る」前から、視覚的・聴覚的情報に影響し始める。人間は概ね、うまく子孫を残してきた。なぜなら、こうした感情の中枢が人間の洗練された理性の能力と密接に相互作用を営んでいるからだ。

人間が血のつながった者との関係を優先する

図2.2　人間と同じく、バッファローは群れを作る動物だ。人間とはちがって、バッファローは大きな前頭葉を発達させなかった。前頭連合野では、血縁を見たときの視覚的刺激がポジティブなエンドルフィンを分泌させる。その結果、家族との親密で共感で結ばれた関係ができる。そんなわけでバッファローには、それがハロルド・ロイドであろうと、あるいはたとえ仲間のバッファローであろうと、誰かが時計塔から落ちそうになっていても気にかける能力がない（[図2.6]参照）。（USDA/ARS, Kieth Weller）

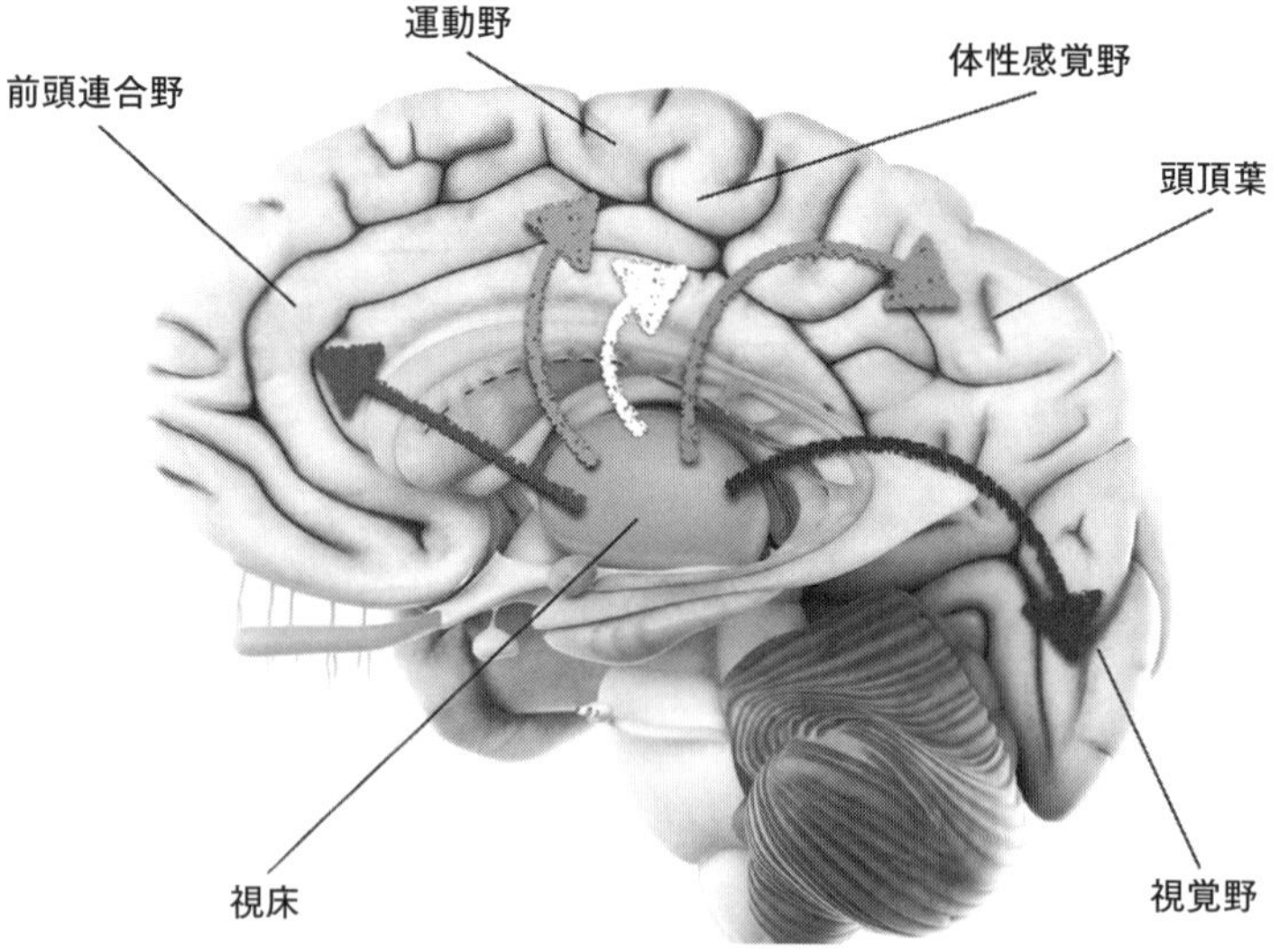

図2.3　視床とは大脳皮質下の特殊化された神経核の集合で、入ってくる感覚情報を受け取り、脳の全体に配分する。視床からの投影は言語中枢を通って前頭連合野にたどりつく。因果的な推論の中枢。(Sebastian Kaulitzki/Shutterstock)

ことは、進化の観点からは有利だ。人間の赤ん坊は基本的に、他の哺乳類とくらべて早い時期に生まれる——赤ん坊は完全に無力であり、生きるために大人の助けに依存する。最初のうち、私たちの感情の中枢は、エンドルフィンの分泌をこうした近親者、ケアしてくれる親族に結びつける。このようにして、私たちは家族を快いと感じる。私たちのトップダウン型の情報処理は、ほぼ完全に社会的スキーマに基づき、キャラクター間の関係に焦点を当てるストーリーに積極的に参加する。

　血縁関係からその範囲を拡大して、人類は相互扶助的な集団の中で、他者との間に感情的な絆を作る能力を発達させてきたが、それは小説や詩や映画に登場する虚構のキャラクターとの間に感情的な絆を作る能力につながっている。実際、メインキャラクターは家族の一員になることができる。家族のメンバーと同じようなエンドルフィン分泌を伴うポジティブな感情的反応を通じてだ。人間は家族関係をうまく営もうとする嗜好をもつが、親族関係の（通常は）素早く正確な理解をサポートするスキーマ（心の表象の体系）は、人間が生まれながらにもつこの嗜好を刺激する素晴らしいツールだ。

　このように、ストーリーは家族——家族形態が典型的であるか、寄せ集め的であるかにかかわらず——に焦点を当てる必要はなく、むしろ風景のようなものであり、物語はそこに自然と意味を探り当てるのだ。[4]

　ケント大学の映画学教授であるマーレー・スミスは、映画の登場人物への感情的参加の三段階を定義している。**認識**、**連帯**、**忠誠**だ。[5] **認識**は、観客によって認識されるボトムアップ型の対象あるいは状況だ。たとえば、敵のスパイに追われているキャラクターなど。**連帯**は、新しい情報を、ストーリーが展開していくにつれて進展する心の変化に結びつけることだ。たとえば、このキャラクターが敵のスパイに捕らえられ、水中銃を突きつけられ殺すと脅される。ここで観客はメインキャラクターあるいは映画の中の別のキャラクターへの期待を抱いているが、この期待は文化的・社会的スキーマに育まれている。**忠誠**は、ヒロインが考えられないような窮地をまんまと脱出するという「生き残り」への堅い信念、希望、信頼だ。これら三つの段階は、コーエンの「制作中の物語との適正な連携モデル」上にうまくマッピングできる。もう一度、第1章を見てほしい。**制作中の物語**［図1.2参照］は構造と意味——認識、連帯、忠誠——を糧とするが、これは観客がメインキャラクターの行動あるいは態度のなかに意味を探すにつれて、観客によって構築される。

　このような見地からは、観客はメインキャラクターに同一化しているのではなく、感情移入しているのでさえない。観客が映画で見るキャラクターたちは危険に陥ったり苦しんだりするかもしれないが、観客自身はそうではないことを観客は知っている。しかし、観客はキャラクターが感じていることを十分に理解することができる。このように、キャラクターに対する固い絆によって、観客は主人公を「養子にする」きっかけを与えられる。主人公は実際に家族なのだ。

アリストテレスと恐怖と憐れみとプファッフ

　観客はスクリーン上のキャラクターに単に共感するだけではないという考えをさらに押し進めている理論もある。共感の代わりに、もっとはるかに強いレベルでつながりをもつというのだ。

　ギリシャの哲学者アリストテレス（紀元前三八四－三二二）は、『詩学』という演劇論のなかでこう書いた。悲劇は観客に憐れみと恐怖の感情を呼び起こし、この方法によって観客をこうした感情から浄めてやるのだと。[6] このような意味で、観客は単にステージやスクリーンの上のキャラクターに感情的につながっているという以上の存在だ。観客は実際に、こうしたキャラクターたちの感情を経験しているのだ。たとえ観客が目の当たりにしている出来事を個人的に経験したことがなくてもだ。これはまさに先に引いた脚本術のグルたちのアドバイスを超えた段階だ。ロバート・マッキーは、私たちが共感という接着剤を育める主人公を選べとアドバイスしていた。あるいはブレイク・スナイダーは、私たちの好きな人を選べと。アリストテレスは、私たちは単なる共感と愛着を超え、有無を言わせず、実際にメインキャラクターになると指摘している。

ところで、アリストテレスという人は実にいろいろなことを述べている。そのなかには、惑星は生きていて愛ゆえに天空を移動するのだという説も混じっている——現代科学によっては受け入れられない主張だ。しかしこの説は、スクリーンあるいはステージ上のキャラクターが感じるのとまったく同じ感情を観客も経験するという考えに関係があるのではないだろうか？

手短に言えば、答えはイエスだ。

ロックフェラー大学教授で神経科学が専門のドナルド・W・プファッフ（一九三九―）は、こういう理論を作り上げている。人類は、ある状況では、他の個体の経験と自分自身の経験との区別をぼかす。

これは脳が恐怖や苦痛の感覚を処理する方法に原因をもつ。要するに、恐怖感は扁桃体という、脳の比較的原始的な組織によって司られているが、前頭葉前方の前頭連合野で、よりきめこまかい処理を受ける。そこで闘うか逃げるかという決定が下される。この感情を引き起こす物体や人間のことは、そのときにはじめて考慮に入れられる。一方、前帯状回および島皮質という脳の組織は、苦痛——私たち自身の苦痛だけでなく他人の苦痛も含む——に対する注意に関わっている。[7] 心の中に生じる恐怖と苦痛についてのこうした事実によって、プファッフはいかにして「ぼかし」がはたらくかについての思考実験を行っている。

この理論には四つのステップがある。〔……〕たとえば、アボット夫人がベッサー氏の腹をナイフで刺そうと考えている。行動がなされる前にその考えは実行を企てている人の脳のなかに思い描かれる。あらゆる行為がそうであるはずだ。この行為は相手に影響するだろう。実行しようとしている人が理解し、予想し、思い出すことのできる人のことだ。第二に、アボット夫人はこの行動のターゲットであるベッサー氏を思い浮かべる。第三にもっとも重要な段階がくる。彼女は相手と自分自身の差異をぼかす。彼女の行為がベッサー氏にもたらす帰結、彼のはらわたと血液にもたらされるぞっとするような帰結を見る代わりに、彼女は相手の血や内臓と自分自身のそれとの心的および感情的な差異を見失う。第四のステップは決断だ。アボット夫人がベッサー氏を攻撃する可能性は以前ほど高くない。なぜなら彼女は相手の恐怖を共有しているから（あるいはもっと正確に言えば、彼女は相手が自分の考えていることを知ったときに相手が経験するだろう恐怖を共有しているから）。[8]

この思考実験が示しているのは、いかにして一人の人間の経験が他人の経験と融合するかということだけでなく、いかにして人類はやむことなく、そして意識することなく、自分自身の人生の物語——ストーリー〔歴史、伝記〕——を作る傾向をもちつづけるかということだ。このことは本章でふたたび話題にする。

なぜ人類は――子供を作れる年齢になるまで生き残ってうまく子孫を残すという目的に照らして――このぼかしのプロセス、「増強された共感」と呼んでいいかもしれないこのプロセスから利益を得るのだろうか？　上の例でプファッフが説明しようとしているのは、道徳性や人間らしい倫理がどのような進化をたどってはたらくに至るかということだ。うまくいく社会組織は、その社会の中の他の個体を破壊するのではなく維持する行為によって統治されなければ不可能だ。

メインキャラクターの導入――第一印象が重要

ブレイク・スナイダーはこう述べている。私たちがメインキャラクターを最初に目にするとき、その人は何か賞賛すべきことをしていなければならない。そうすれば私たちはその人が好きになると。どんなに少なく見積もっても、メインキャラクターの導入はあらゆる脚本家と映画監督にとって無視することのできない絶好のチャンスである。スクリーン上のキャラクターについて理解する観客は**初頭効果**に従う。つまり、初登場シーンでその人が何をしているか、あるいはどのようにふるまっているかがキャラクターについての私たちの基本的な理解の枠組みを設定する。

私たちが『カッコーの巣の上で』のR・P・マクマーフィを最初に目にするとき、彼は闘っているわけではなく、法定強姦に関与してもいない。彼は手錠をはずされた後で飛び跳ね、威勢よく叫んでいる。作品全編を通して、この威勢がよくて反体制的な性格は、私たちが彼について抱く印象を支配している。『深夜の告白』でも『ブレイキング・バッド』でも、メインキャラクターは殺人を企んでいる（前者）わけではないし、メタンフェタミンを製造しようとしている（後者）わけでもない。いずれのメインキャラクターも、愛する人たちに気持ちを伝えるために現実的な障害と格闘している。前者では親友に、後者では家族に。このような尊敬すべき行動のおかげで、これらのキャラクターが映画およびドラマの途中でルールを破る人に豹変するときにも、彼らとの感情的な絆が維持される。

キャラクターの紹介（極端な問題を抱えていないキャラクターの場合）が、彼らのストーリーにうまく貢献している例は数え切れないほどある。そのいくつかはここでとりあげる価値がある。『ラースと、その彼女』（07）で私たちが最初にラース（ライアン・ゴズリング）を目にするとき、彼は家の中から外の世界を眺めていて、外出することができず、自分を見失ったままだ——これはストーリー全体を通してのラースの格闘と合致する最初の手がかりだ。ストーリーが進行する間にラースは妄想から自分を解き放ち、他の人たちと有意義な絆を結ぶはずだ。『世界にひとつのプレイブック』（12）で私たちが最初にパット（ブラッドリー・クーパー）を目にするとき、彼は別れた妻（その場にはいない）に、元の生活に戻ろうと頼み込んでいる。このあと彼は、精神的かつ身体的に自分を改善しようと努力する。この最初の印象は作品全編を通しての彼の行動によっても打ち消されない。彼は元妻の心を取り戻すために自分を改善しようと格闘しつづける。

これらのキャラクターのうち誰一人、最初の登場シーンで特に賞讃に値することはしていない。しかし、キャラクターにどのタイミングでどういう行為をさせるかについての脚本家／監督の選択が、キャラクターがどういう人物なのかについての重要な手がかりを与えている。これらのキャラクターの中にとても人間らしい資質を発見することによって、観客は重要なリンクを手にし、それを使って観客は即座に感情的な絆を生み出すことができる。

ヤーク・パンクセップの紹介

ここでしばらく、眼鏡をかけたエストニア人の紳士が研究室のラットの能力を調査しているところを想像してほしい。この人物はワシントン州立大学獣医学カレッジの獣医学・比較解剖学・薬学・生理学部の動物福祉学教授であるヤーク・パンクセップ（一九四三－）のことだ。パンクセップは刺激に対する人間の反応について、**探索**（seeking）という観念を発展させた［図2.4］。この考えは、基礎神経解剖学に由来をもつ。すなわち、人間の感覚器官はすべて、意識的思考を司る大脳皮質の領域に到達する以前に、大脳皮質下の感情の中枢を経由するという考えだ。

なぜそれが脚本家／映画監督にとって重要なのだろうか？　次のことは頭に入れておく価値がある。観客はあなたの書いた個々のストーリー内容について考え始める以前に、すでにキャラクターについての情報を下意識の観点からあらかじめ探しているということだ。私たちが見たり聞いたりする事物は脳内の感情の中枢を通って移動する。それがやがて観客の人生の経過とともにボトムアップ型の情報（第1章を参照）を通して発展させられる。新しい手がかりが提示されると――たとえば、愛する人に告白しようと格闘している一人の男――、私たちは直ちにその手がかりをボトムアップ型の情報の中から探し出し、両者を一緒にしてその人物についての一貫した印象に作り上げる。キャラクターの活動／手がかりが、私たちが共感を覚える行為――たとえば、血縁者がするような行為――と一致しているかぎりで、私たちは家族の絆を作ることができ、それゆえ感情的にキ

図2.4　ヤーク・パンクセップ教授は、人間の知覚と認知における**探索**（seeking）の概念の生みの親だ。脚本家がキャラクターを登場させるときに、キャラクターの本性をよく表すなんらかの行為／活動をさせれば、人間の心に備わるもともとの傾向によって、観客はその手がかりをヒントにキャラクターについての印象を作り出し、うまくいけば感情的な関係を育む。

ャラクターとつながる。

　ストーリーの作者はキャラクターを好きになってもらうためにわざわざ猫を救っているキャラクターをひねり出す必要はない。単に誰もが共感できるような活動をさせておけば十分だ。もしあなたがラットで実験しようとしているのなら、まわりに何匹かの猫を置いておくのもいいだろう。

　一度こうした感情的な絆が作り出されると、観客はキャラクターの道連れとなり、観客／読者を引き込むいわゆる鉤《フック》の問い〔読者や観客をおびき寄せる疑問。釣り針と疑問符の鉤状の形状の類似にひっかけた言い回し〕によって、観客の探索する傾向がはたらいたままになる。「彼女はこの窮地から抜け出すのか？」「彼はお金を手に入れるのか？」――こうした問いはストーリーから出てくる問いだが、観客がキャラクターとの間に感情的な絆を作り上げていないと観客を引き込まない。このように、新しい情報を探し求める観客の傾向が活発であるかぎり、観客は主人公のチャレンジや敗北や勝利とつながりをもとうとするだろう。生き残りという報酬が待っているからだ[9]。

　このプロセスは、私たち自身の人生経験からかけ離れた状況にいるキャラクターにおいてさえ機能する。手術台に縛りつけられ、容赦なくこちらの下半身に向かってくる高熱のレーザー光線に焼き殺されそうになるなどという経験をしたことのある人がどれだけいるだろうか？　おそらく多くないだろうが、ほとんどの人は、このような状況で生き残る（あるいは少なくとも将来、子供を作る）可能性はとても低いと結論するだろう。けれども、もし私たちがたまたまこのような状況に陥っている人のことを知っていれば、そしてその人がたまたまジェームズ・ボンドという名前であったとすれば、生き残る可能性――なんらかのあっと驚く展開によって脱出する可能性――についての確信は、どちらも飛躍的に高まる。この場合、現実に即した観客の期待が、主人公の能力についての知識と争っている。現実とメインキャラクターの能力とのこうした対立、つまりボトムアップ型の視覚的・聴覚的情報と、ボンドはどんなときでも生き残るというトップダウン型の情報との対立が観客の心の中で起き、これがサスペンスを生み出す。そしてこのサスペンスがシリーズの五十年分の収益につながっている［図2.5］。

英雄ならざる人の旅

メインキャラクターあるいは主人公を「ヒーロー」として扱う習慣は、ジョーゼフ・キャンベルとその著書『The Hero's Journey（英雄の旅）』、およびクリストファー・ボグラーがそれを映画用に脚色した『The Writer's Journey（作家の旅）』[*]によってポピュラーになったが、ある意味では脚本家にとって不利になりかねない。「ヒーロー」という言葉が脚本家に与える印象がネックになるのだ。たとえばメリアム＝ウェブスター辞典にリストアップされた「hero」という言葉の語義の筆頭には、

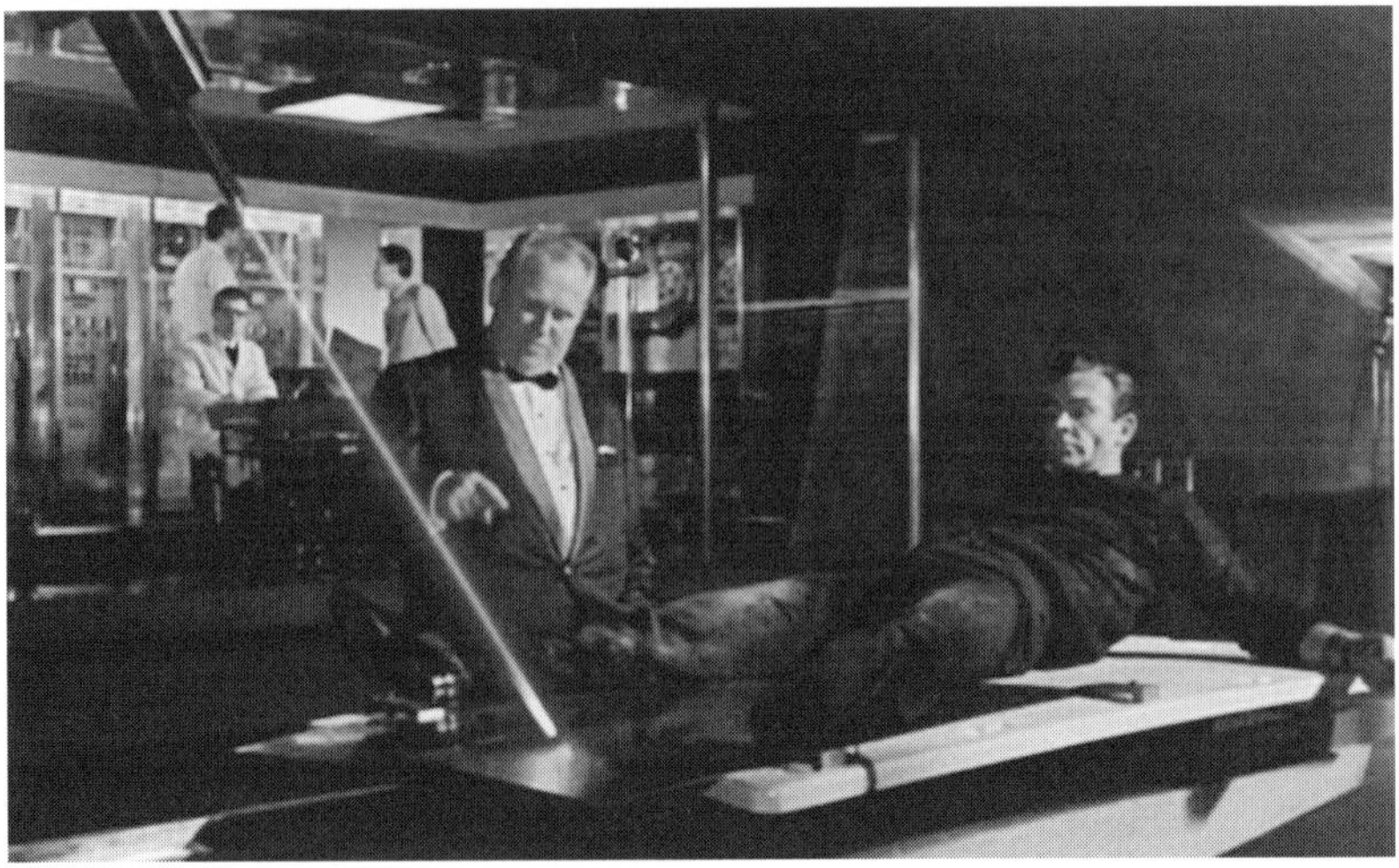

図2.5 『007／ゴールドフィンガー』(64) のゲルト・フレーベとショーン・コネリー。もしこの男が一巻の終わりだと考えるとしたら、あなたはボンドを知らないのだ。実生活でおよそ会ったことのないような人に対して感情的なつながりをもてるのは、トップダウン型の情報処理がうまく機能しているおかげだ。ジェームズ・ボンドが絶体絶命の状況をどんなときでも切り抜けるというパターンがあり、私たちがそういうボンドの特性を知っているので、私たちはボンドに感情的なつながりをもつことができるし、ボンドが常人とはほんのちょっと違っていることを受け入れることができるのだ。

「偉大なあるいは勇敢な行為やすぐれた資質ゆえに尊敬される人物」とある。

ある種のストーリーにとっては、このようなメインキャラクターはうってつけだ。しかし多くのストーリーにとっては障害になりかねない。上に挙げてきたような映画の事例が示すとおりだ。R・P・マクマーフィー、すなわち『カッコーの巣の上で』の法定強姦者も、ウォルター・ホワイト、すなわち『ブレイキング・バッド』のメタンフェタミンのディーラーも、ウォルター・ネフ、すなわち『深夜の告白』の不倫中の殺人者も、その定義にあてはまらない。これについては、『ラースと、その恋人』の妄想癖のある会社員ラースもそうだし、『世界にひとつのプレイブック』の双極性障害のメインキャラクターであるパットもだ。この人たちはふつうの意味でのヒーローではないし、ヒーローらしい野心もない。脚本を書き始めるときに、まずストーリーの「ヒーロー」を決めようとする人は、おそらくネフやマクマーフィーのような人物の出てくる素晴らしい映画や、ホワイトのような人物の出てくるドラマを思いつくことはできないだろう。

このように、観客は尊敬すべき人たちについてのストーリーに反応するかもしれない一方で、ルールを破る人たちにも関心を抱く可能性がある。過ちを犯す人たちは、トラブルに巻き込まれて、ふつうの人たちがしない、あるいは、するなどとは夢にも思わないことをする。彼らの苦しみのもとになるようなことをする。このような考えの先駆けとして、**ハマルティア**（hamartia、過ち）という観念がある。悲劇的欠点として、あるいは少なくともキャラクターに悲劇へと至る行動を企てさせることにつながる内面的な資質として理解されているもので、アリストテレスの『詩学』に出典がある。[10]

このように、脚本家にとってはおそらく「ヒーロー」という言葉をやめて、たとえば**主人公**（protagonist）という言い方を採用した方がいい。（ただし、もし本当にパーティーで恥をかきたくないのなら、**メインキャラクター**という言葉を使うのがいいかもしれない。主人公という言葉はギリシャ悲劇に由来しているが、もともとは**俳優**を指す言葉であり、役柄のことではない。）

＊　クリストファー・ボグラーの『The Writer's Journey』は、『神話の法則――夢を語る技術』として邦訳書が刊行されたが（ストーリーアーツ&サイエンス研究所、二〇一〇年）、ジョーゼフ・キャンベルの原著タイトルとの対関係を示すため、本文中では邦訳タイトルを記載しなかった。

他人から学ぶ——キャラクターアーク

アリストテレスは、観客の心にうったえる劇において大事なものは何かということを見極めようとしたとき、それを観客が学ぶことから得る喜びであると判断した。「ものを学ぶということは、最大の楽しみである。[……]人々が似たものを見てよろこぶのは、似たものを見ることは同時にまた学ぶことにもなって、それぞれのものが何であるかを——たとえば、『はは あ、これがあの人か』といったことを——推論することにもなるからである」[11]。

一方、多くの脚本の教科書は脚本家に「キャラクターアーク」の原理に従うように教えている。これはたとえば『SAVE THE CATの法則』では「登場人物が脚本の始まり・中盤・結末を経て経験する変化のこと」と定義されている[12]。マッキーの言い方では「すぐれた作品では、登場人物の実像が明らかにされるだけでなく、物語が進むにつれて、よい方向であれ悪い方向であれ、内面の性質が変化していく」[13]となる。シド・フィールドは「何かしらの変化や変身」を、すぐれたキャラクターを作り出すことにつながるように思える四つの重要なポイントの一つとみなす[14]。

ポール・ガリーノは脚本家フランク・ダニエル(一九二六-一九九六)の教えに基づいて、この概念をもっと詳しく説明している。

[キャラクターアークは]キャラクターの願望を、その人の必要と対照させる。両者の関係は、ストーリーの経過とともに以下のように展開する。キャラクターは物語の第二幕の開始にあたっ

て、意識的な願望（たとえばウッディ〔『トイ・ストーリー』より。以降のアンディも同様〕は玩具たちのリーダーの座を取り戻したいと思っている）と無意識的な必要（ウッディはアンディの愛情が期待できないと理解する必要がある。彼は序列の中での彼の場所を、それがどこであろうと受け入れなければならない）をもっている。欲しいものを追いかける間に彼は大いに苦しむので、必要なことを意識するようになり、願望を手放す。[15]

フランク・ダニエルの見解では、キャラクターアークはスナイダーやマッキーが述べているような単なるキャラクターの変化以上のもので、むしろ学びのプロセスを通じて生まれる変化なのだ。ダニエルはまた、こうも主張する。一本の映画の**テーマ**はメインキャラクターによって担われ、このキャラクターが学ぶものから引き出すことができると。[16]テーマは、少なくともアメリカ映画では、多くの人が共有するシンプルで普遍的な真実である傾向がある。『トイ・ストーリー』（95）で言えば、「意図して愛することはできない」。これは『世界にひとつのプレイブック』と違わない。この作品で、パットは自分がティファニーの仲間であることに気づくとき、ニッキへの愛をあきらめることを学ぶ。彼が学ぶことは「おまえの強迫観念から自由になれ」とか、「真実に生きろ」とか、いろいろに表現することができる。もっと別の言い方もできるだろうが、そのどれもが賢明なアドバイスであることは確かだ。

それに基づいて言えば、テーマはキャラクターが何かを学び損ね、その結果、悲劇的な運命（先に**ハマルティア**という観念に即して触れた）をたどる場合にさえ見つけることができる。『マルコヴィッチの穴』（99）でクレイグはマキシンに夢中で、彼女を追いかけることで人生をだめにしている。

最後に彼はマキシンを手に入れ損ねるが、彼女への執着をあきらめることはけっして学ばず、彼なりに地獄のような状況に陥る。他人の体内にはまり込み、愛する人から目をそらすことができなくなる――それにもかかわらず、彼は彼女を手に入れることがけっしてできない。クレイグの「悲劇的欠点」は、マキシンへの執着をあきらめられないことだと言える。たとえ彼が何も学ばなくても、観客は彼の運命を目撃し、確かに学んでいる。

『カッコーの巣の上で』のテーマは、もっと複雑だ。この作品は悲劇の構造をもっているが（ネタバレ注意！）、メインキャラクターの「悲劇的欠点」は賞賛に値するものだ。彼が死ぬのは、人間らしさを捨てられないせいだ。彼は誰かを助けるチャンスを見ないふりができない――この場合、ビリー・ビビットに童貞を捨てるチャンスを与えるのだ。「時には人間らしさを捨てなければならない」とは、学ぶに値するまったく残酷にして普遍的な真実だ。けれども本作は終盤で方向転換する。チーフが逃亡に成功し、自分が自由を手に入れたのはマクマーフィーの伝染力のある人間らしさのおかげだと気づくのだ。ここでテーマは、むしろたとえば、「誰かの人間らしさは本当に無駄になることはけっしてない」とでも言えるものに転換する。

キャラクターアークの科学

人間の経験の中にストーリーが存在するという事実そのものは、ひとつの神秘だ。一つ確かなことがある。ストーリーを物語ることはあらゆる人間の文化に存在しているということであり、人類の歴史を通じてずっと存在していたという考古学的な証拠もある。ストーリーを作ることに費やされる貴重な労力――ストーリーの語り手と聞き手の双方にとって――を考えると、次のような疑問が浮かんでくる。ストーリーを作ることによって人類にもたらされた進化上の利益は存在するのだろうか？

『The Storytelling Animal（物語を作る動物）』という本の中で、ジョナサン・ゴットシャルはストーリーを作ることの進化上の利益についての議論をまとめている。何よりもストーリーは、人生の練習として役に立つということだ。ゴットシャルはストーリーの「基本公式」をこう表している。

ストーリー＝キャラクター＋状況＋救出の試み[17]

このパターンは、人間が互いに語り合うストーリーの中だけでなく、夢の中にも現れる。どちらの場合も、このようなストーリーのおかげで、人間は人生にまつわるさまざまなことをローリスクで体験することができる。私たちは他人の失敗から学ぶことができる。単に知識として知らされることによる以上に効果的に。私たちはそういう失敗をする誰かになることを体験する。「フライトシミュレーターのおかげでパイロットたちが安全にトレーニングできるのと同じく、ストーリーは実社会での大きなチャレンジを安全にトレーニングさせてくれる。［……］そして、フライトシュミレーターのようにフィクションの第一の利点は、豊かな体験を味わえて、しかも最後に死ぬことがないということだ[18]」。

心地よいと感じるシステムをもう一度とりあげよう。このシステムは、感覚中枢から前頭葉の理

図2.6　『ロイドの要心無用』（23）より。ハロルド・ロイドはものわかりのよい観客に、時計塔にぶら下がることはよくないことだと教えてくれる。「ぼかし」の理論によれば、脳の情報処理こそが、このキャラクターが経験しているような恐怖を私たちに経験させてくれるのだ——実際に危険をおかすことなく（ネタバレ注意。この男は実際にはまったく危険な状況にはない。というのも、何メートルか下の屋根にはマットレスが敷かれているから）。

性を司る領域へと至る、脳内のポジティブフィードバックの経路を構築している。これらの経路は経験と反復とによってできるが、すべて直接、言語中枢を通る。生まれたときから子供が朝起きるたびに母国語の習得を行っているのは偶然ではない。理解されること、自分を養ってくれる人の言葉を理解することは、人類を言語（少なくとも記号表現としての言語）を用いる唯一の動物にしている最終的な動機だ。生存競争を生き抜いてきたという事実、および発達した脳のおかげで、私たちは、言語——シェアされた意味の体系——を通したコミュニケーションが心地よい、いい、い、いと感じるシステムの最高の触媒であることを発見したのだ。情報をシェアできることは、私たちの巧妙なサバイバルを信じがたいスピードで発展させた。そして私たちの脳は賢明にも言語の理解にエンドルフィンという褒美をつけることで、私たちが進んで理解しようとするようにした。リアリティのある会話の出てくるすぐれたストーリーは、アヘン性の分泌物の流れを開放し、それがポジティブフィードバックのループを確立する。これが因果的な説明（第5章）の飽くなき探求、および私たちが感情的につながるメインキャラクターと結びついて、観客を虜にする脚本家の切り札ができあがる。

なぜ先ほど話題にしたような、欠点があったりルールを破ったりするキャラクターが受けるのだろうか？　明らかに彼らは、社会的あるいは法的な規則を破る人たちが自分の行動の結果にどのように直面するかを学ぶ機会を提供してくれ、観客に彼らの例に従うことのないように教えてくれる。そしてそのような教訓は、道徳的な行為を学んだり、社会がうまく機能するように社会を一つにつなげる接着剤について学ぶことに潜在的に役立つ。「ストーリーは――聖なるものであれ俗なるものであれ――おそらく人間を一つにまとめる最大の力だ」とゴットシャルは言う。「ストーリーは社会が混乱に陥ることへの抗力であり、世界がばらばらになってしまうことへの抗力だ[19]」。

この章で学んだこと

- メインキャラクターに感情的につながることについての科学は、いくつかのクールでクレバーな脚本のツールをもたらしてくれた。悪い人でも、その人が家族であるかぎり、いい人でありうる。これは、**脳の機能の最終的な目的は生き残ることである**という事実の直接的な帰結だ。脳は**感情の中枢**を通して、私たちがR・P・マクマーフィーについて学びつつある新しい情報を伝える。人間の脳内のこのような進化した仕組みゆえに、悪い善人《バッド・グッド・ガイ》は――観客が思い入れをもてるように紹介されると――「養子に迎えられて」、「家族」になり、読者あるいは観客はサバイバルの本能によってこのキャラクターとの絆を作る。

- アリストテレスによれば、私たちが感情から浄められるのはキャラクターの感情を目撃することによってだ。こうした考えの根拠を、「思考実験」という神経科学の概念に求めることができる。思考実験によってある個人と別の個人の間の**感情の境界をぼかすことで**、私たちは他の人が経験していることを想像の中で追体験できる。これは物理的にその人と身体を共有するよりもはるかに楽だ。

- この章では、主人公の**第一印象の重要性**を思い出してもらった。それはかならずしも英雄的な行為――猫を救うことはその一つだ――を意味しない。**探索**すること――人間の脳はたえず新しい情報をすでに知っていることにつなげる――は、読者あるいは観客の内に「彼／彼女は生き延びるの？」「彼／彼女は勝つの？」といった**鉤《フック》の問い**を生み出す。脳が「つながろう」「探そう」と無意識的に反応するおかげで、観客は待ち構えた体勢になり、主人公がストーリーにおいてチャレンジに直面するときに感情的に引き込まれた状態になる。

- **キャラクターアーク**（ストーリーの途上でキャラクターが学ぶこと）は進化論にその根拠をもつ。私たちはストーリーの中で他人の人生を体験することによって、人生の教訓を学ぶことができる――危険を伴いかねない経験を自前でしなくても。

脚本検診――感情移入

あなたが知っているもっとも憎らしい人を一ページぶんのスペースに言葉でスケッチしてみてほしい。ものすごく嫌だと思う人だ。憎らしいと思う行為の具体的な例を挙げてほしい。スケッチしながら、なぜこの人物がこういう人なのかを考えてほしい。そうしたら、その人物のモノローグを書いてほしい。先ほど書き出した憎らしい行為を入れること。共感を覚えるようになっただろうか？　出来事をこの人物の視点に立って見ることができるだろうか？　このようなキャラクターは、ひょっとしたら主人公にも抜擢できるし、手強い敵役として使うこともできる。

知覚の実習――バッド・ガイとは誰か？

感覚のモジュール性（フォーダー、第7章を参照）とは、見ることと聞くことが脳のどこかで結びついて単独の経験として感じられることを意味する。

しかし見ることは聞くことではないし、その逆も同じだ。次の実験をしてほしい。『サイコ』のいちばんこわいシーンのいくつかを、音声を消して見てほしい。そんなにこわくないはずだ。あるいは、ラブシーンに耳を澄ませてほしい――画面は見ずに。キャラクターに感情移入できるだろうか。

視覚情報と聴覚情報の不一致（『ブレージングサドル』のシーンに実際に登場するカウント・ベイシー

楽団のように）は、観客の抱く感情的な結びつきを混乱させる可能性がある。ときには好感度を上げ、ときには下げる。

原注

（1）David Howard, and Edward Mabley, *The Tools of Screenwriting* (New York: St. Martin's Griffin, 1995), p. 44.

（2）Robert McKee, *Story: Substance, Structure, Style, and the Principles of Screenwriting* (New York: HarperCollins 1997), p. 141.〔ロバート・マッキー『ストーリー――ロバート・マッキーが教える物語の基本と原則』（越前敏弥訳、フィルムアート社、２０１８年）、１７２頁〕

（3）Blake Snyder, *Save the Cat!: The Last Book on Screenwriting You'll Ever Need* (Studio City, CA: Michael Weise Productions 2005), p. xv.〔ブレイク・スナイダー『SAVE THE CATの法則――本当に売れる脚本術』（菊池淳子訳、フィルムアート社、２０１０年）、17頁〕

（4）D. Nettle, "What Happens in Hamlet?" In *The Literary Animal: Evolution and the Nature*, ed. J. Gottschall, and D. S. Wilson (Northwestern University Press, 2005).

（5）Jennie Carlsten, "Black Holes and White Space/45", *Projection* 9, no.1 (Summer 2015): 43–65. ©Berghahn Journals, doi: 10:3167/proj.2015.090104 ISSN 1934-9688 (Print), ISSN 1934-9696 (Online).

（6）Arittotle, *Poetics*, trans. S.H. Butcher (London, Macmillan, 1902), p. 23.〔アリストテレス『詩学』（藤沢令夫訳、『世界の名著8　アリストテレス』中央公論社、１９７９年）、２９３頁〕

（7）Edward O. Wilson, *The Social Conquest of Earth* (New York: W. W. Norton, 2012), p. 246.〔エドワード・O・ウィルソン『人類はどこから来て、どこへ行くのか』（斉藤隆央訳、化学同人、２０１３年）、２９０頁〕

（8）Wilson, *The Social Conquest of Earth*, pp. 246–247.〔同書、２９１頁〕

（9）K. L. Badt (2015), "A Dialogue with Neuroscientists Jaak Pankseep on the SEEKING System: Breaking the Divide between Emotion and Cognition in Film Studies," *Projection*, 9 (1): 66–79.

（10）Aristotle, *Poetics*, p. 29.〔前掲書、３０８頁〕
（11）Aristotle, *Poetics*, p. 15.〔同書、２８７－２８８頁〕
（12）Snyder, *Save the Cat!*, p. 183.〔前掲書、２５９頁〕
（13）McKee, *Story*, p. 104.〔前掲書、１２９頁〕
（14）Syd Field, *Screenplay: The Foundations of Screenwriting* (New York: Random House, 2005), p. 63.〔シド・フィールド『映画を書くためにあなたがしなければならないこと――シド・フィールドの脚本術』（安藤紘平、加藤正人、小林美也子、山本俊亮訳、フィルムアート社、２００９年）、72頁〕
（15）Paul Gulino, *Screenwriting: The Sequence Approach* (New York: Bloomsbury Publishers 2004), p. 33.
（16）Frank Daniel, *Script Analysis* (Los Angeles, CA: University of Sothern California School of Cinema-Television, January 12, 1995).
（17）Jonathan Gottschall, *The Storytelling Animal* (Boston, MA: Houghton Mifflin Harcourt, 2012).
（18）Gottschall, *The Storytelling Animal*, p. 58に引用のあるKeith Oatly, "The Mind's Flight Simulator," Psychologist 21 (2008): 1030-2.
（19）Gottschall, *The Storytelling Animal*, p. 138.

第3章

コントラストの科学

あるいは、なぜ『スター・ウォーズ』の冒頭で巨大な宇宙船が小さな宇宙船を追うのか？

時代は遡るが、一八六〇年にドイツの劇作家・演劇理論家のグスタフ・フライターク（一八一六－九五）が劇作家の卵にこう言った。「雰囲気のヴァリエーションと色調の慎ましいコントラストが、絵画の場合と同じく演劇にも必要だ(1)」。その一世紀後には脚本理論家フランク・ダニエルが、「音響、色彩、照明、ペース」のコントラストの利点を称えている(2)。

もともと脚本家が使えるコントラストは、厳密に言うと一通りしかない。黒い文字と白い紙のコントラストだ。それでも文字の使用を通じて脚本家は心の中にさまざまなイメージを喚起する。それを読者が心の中で体験できるようになる。脚本家はまず紙の上で、そして読者の心の中で映画を作っている。

脚本家のジョージ・ルーカスは、図3.1の場面をこう説明する。「シルバーの小型宇宙船レベル・ブロッケード・ランナーが、船尾からレーザーを放射しながら宇宙空間を駆け抜ける。それを巨大なインペリアル・スター・デストロイヤーが追っている」。脚本家がそう書くと、読者の想像力がそれを引き継ぐ。

宇宙船のサイズのコントラストはどういう効果をもたらすのだろうか？　初歩的な効果としては、とりあえず観客は座席からのりだし、サイズのコントラストに注目する。また、物語上の重要な要素にも気づく。追う者と追われる者の力のアンバランスだ。それにどう気づくのかを手短に考えよう。

映画における視覚的なコントラストは、二つのやり方で現れる。まず、ショットそのものの内側でのコントラスト。よく見かけるのは、いわゆるローキー・ライティングを使うことだ［図3.2］。けれども、脚本家の目的に照らしてそれ以上に重要なのは、ショットとショットの間でコントラストをつけることだ［図3.3－3.4］。もちろん、図3.1におけるコントラストはショットの内部にも、ショットとショットの間にも見られる。

さらに、厳密に視覚的なレベルでのコントラストにとどまらず、脚本家はシナリオ（および映画）全編にわたって、**緊張**を生み出すことと解くこととのコントラストを使う。このようにメリハリのある刺激が生み出すリズムは、二つの理由で大切だ。観客を映画に集中させることと、観客の脳が疲れてしまったり、あるいは最悪の場合、眠り込んでしまったりするのを防ぐことだ。

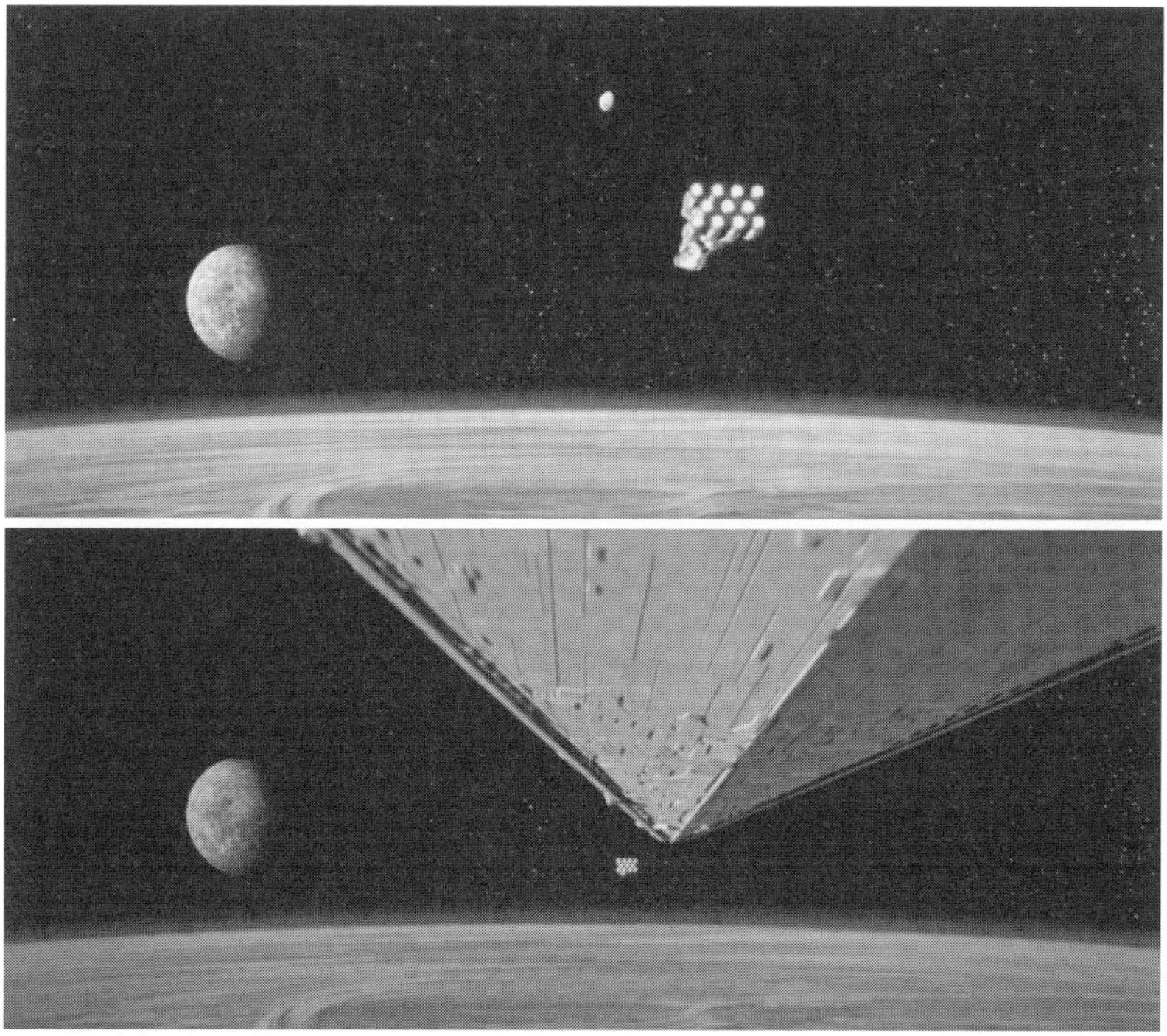

図3.1　サイズおよび構図のコントラスト。『スター・ウォーズ』（77）より。

図3.2　ローキー、ハイ・コントラストのライティング。『ロード・オブ・ザ・リング』（01）より。

図3.3　ショットとショットがコントラストをなすシークェンス。クロースアップとロングショット（下のショットは砂漠の風景。念のため）。『アラビアのロレンス』（62）より。

図3.4　ショットとショットがコントラストをなすシークェンス。光と闇。『ブレイキング・バッド』(08)より。

視覚にまつわる科学を少々

脚本を書くことにとって、視覚以上に大切なものはない。眼は網膜というスクリーンへの視覚的世界の投影機だ。(3) 網膜というのは眼の後ろの内壁に並ぶ滋養に富む膜状物質だが、何百万もの光の受容器を装備している。それらはあらゆるニューロンと同じく、情報を受け取ると特殊な**神経伝達物質**（別の神経繊維へのインパルスの伝達を引き起こす化学物質）をつけ加えてメッセージを伝達する。これらの受容物質は実際に光子（光の粒子）を吸収し、化学作用によってエネルギーを神経刺激に変換して脳がそれを理解できるようにする。

光の受容器には二種類ある。**桿体**《かんたい》は低いレベルの光を検知するためのもので、特に影や縁に反応しやすい。特にこうした影や端が動いているときにはそうだ。もう一つは**錐体**《すいたい》で、適正な光の下で細部や色彩を検知する［図3.5］。私たちは錐体に比べてほぼ三倍の数の桿体をもっている。すなわち、私たちの視像の大半は世界の中の比較的暗い、それほど細かくない情報だ。

もし観客が通常の静かな暗い映画館で映画を見るならば、弱い光と動きとコントラストの巧妙な使用によって観客の視覚的注意を最大化できる。

注意を方向づける

私たちの眼は視野のあらゆる方向に動く。しかし、じっと何かにきわめて強いフォーカスを当てるとき、私たちは錐体の大半が集中している網膜の中心をそこに向けており、細部の明確さが増す

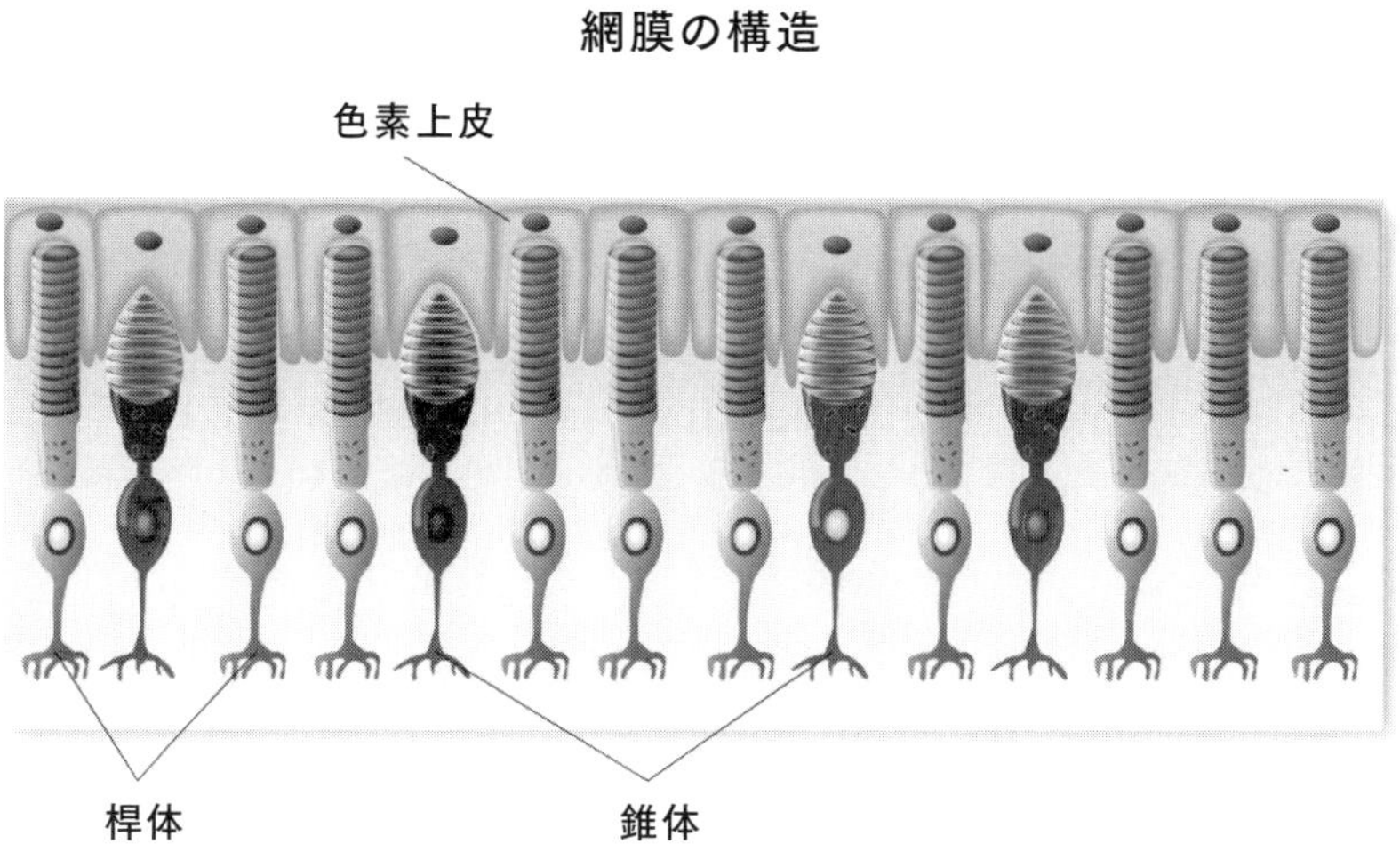

図3.5　桿体の数は錐体の三倍あるので、あなたの視覚は色彩よりも物体の縁や運動を検知しやすいように調整されている。（Designua/ Shutterstock）

ように最大限の光を動員している。この運動は**固視**と呼ばれているが、固視の持続時間と位置は計測可能だ。続けて別の場所へと眼を移すと（あるいは科学的な術語では**サッケード運動**［断続的運動］を行うと）、その持続時間と位置もまた**アイトラッカー**という装置によって計測できる。

アイトラッキング調査は、マーケティングや広告において広く使われている。最近、この方法論は動態的な映像刺激に対する観客の注意や理解を研究するために用いられるようになっている。[4] ショットの内部での、およびショットをまたぐ観客の視線を計測したところ、注意（固視の持続時間と位置）が物語の、、、、、、、、、、、、、、ストーリーラインによって配分されることが確認された。

映画では観客の注意を引っ張るのは物語なので、視線――固視とサッケード運動――は観客による物語のトップダウン型の理解に密接に結びつけられる。制作中の物語の適正な連携モデル（第1章）でいうと菱形の層［図1.2参照］がそれであり、これはトップダウン型の経験が参照されるときにその構造と意味が適用される。光のコントラストは、照度のコントラストであれ輝度のコントラストであれ、ストーリー全体のメッセージに直接的な注意を向ける機会を作り出す。私たちの視覚受容器は光の変化に反応する。その際、桿体は弱い光の中で最大限に発火し、錐体は細部と色彩を検知するために強い光を要求する。眼はその場その場の状況で使える光に私たちの視覚を合わせるという事実を脚本家が理解すれば、観客の注意もまたその場その場で方向づけられているのだとわかる。そして光のコントラストを作り出すためのこうした変化がストーリーラインの個々の瞬間と統合されるとき、観客はこれらの暗黙の、あるいはそれとなく暗示された物語上の合図に注意を向けている。

肝心なのは以下のことだ。成功した映画であなたが見るコントラストの使用例は、私たちの知覚システムを操作することでストーリー上の重要な要素に私たちの注意を向けさせている。この操作は私たちがストーリーを理解する——そして映画を見続ける——助けになる。

桿体と錐体は受容能力をもつニューロンだ。それらは光を受け取り、それを電子化学的なインパルスに変換する。そして受容能力をもつニューロンは、現実世界のエネルギーを多量に、貪欲に消費する。桿体と錐体は恒常的な変化を執拗に求める。さもないとそれらはすぐに退屈し、発火をやめる。この現象は**神経疲労**と呼ばれているものだが、ふつうは私たちの眼がたえず動くので克服される。私たち自身がすべてのサッケード運動や凝視を意識することはめったにないが、私たちの眼の方はともかく視覚に入ったものにもれなく狙いをつける。眼の動きのひとつひとつが眼に入り込む光を変え、ほんのわずか違ったかたちで桿体あるいは錐体に捉えられ、このようにして受容器の細胞が、たえず変化しつつある新しい情報をその都度変換している。

私たちの眼が作り出すもう一つの変化は、実際には存在しない境界や縁だ。章末の「知覚の実習」を試してみてほしい。そして脚本家にとってこれがどんなに創造的かを想像してほしい。脚本家の目標は観客をハラハラさせ、じらし、一つの答えを求めてスクリーンに釘付けにすることなのだから。

神経疲労を誘発するには、しばらく滝を見つめてからその近くの地面や静止した崖を注視するだけでよい――地面は上方に浮き上がって見えるだろう！　このよく知られた「滝効果」は十九世紀以来おなじみのイリュージョンだ。ドイツの心理学者ジグムント・エクスナーがこう指摘した。下方への動きを検知するように調節されたニューロンは変化のない刺激を数秒間受け取ると疲弊し、あなたが眼を動かないものに向けると――ほおら！　上方を検知するニューロンが発火のチャンスめがけて飛びついてくる。もっと最近では、脳機能イメージングの研究によって、神経疲労が視覚野において極度に対立的な反応を生じさせることが確認されている。

連続的な運動が休止することで作り出されるコントラストもまた、私たちの脳がいわば「リセット」できるようにしてくれる。イマニュエル・トニョーリとJ・A・スコット・ケルソ（Tognoli and Kelso 2014）の説明によれば、鑑賞中の観客の脳内ではニューロンの活動のパターンが動態的だ。こうしたパターンは、物語とキャラクターと場面中の出来事がすべて観客のストーリーの理解と一致している場合に同期化を実現する。短期的なパターンはニューロンが活発に発火している態勢であり、観客がこれらの情報源の一つで生じた変化を経験したことを示す。照明の変化が注意を移動させたとか、キャラクターのアクションが予期せぬ方向をとったとか、物語の基本的な前提が破壊されたといった変化のことだ。現代の神経科学は映画理論家のデヴィッド・ボードウェルとクリスティン・トンプソンと相性がよい（Bordwell and Thompson 2006）。彼らは物語の語り方のパターンが観客の理解を助けるのに重要だと強調している。私たちのニューロンのパターンは、私たちがストーリーを「捕球する」ときに同期化する――変化球を投げられると、出来事についての私たちの心の中のイメージをアップデートするために新しいニューロンが活性化しなければならない――このことは神経疲労を防ぐだけでなく、観客を覚醒した、意識を高めた、警戒怠りない状態であなたの脚本へと能動的に参加させる。

聴覚のコントラスト

言うまでもなく、映画は映像と音響を併せもつ。脚本家は脚本の中で実際にサウンドのコントラストをつけることはできないが、サウンドの合図（cues）とコントラストを脚本中で指示することはできる。

覚えておいてほしい大切なことがある。聴覚情報におけるコントラスト――音響と音楽のヴォリュームの上げ下げ――もやはりストーリーの中の重要な要素と調和的にはたらくことができるということだ。素晴らしい例が『トイ・ストーリー』（95）にある。映画の冒頭近く、アンディの誕生日パーティーの最中に、騒がしい話し声と階段と木の床を踏みしめる大きな足音が聞こえる。加えて大音量の伴奏音楽も流れている。

子供たちがアンディの部屋を出るとすぐ、突然静かになる。このことによって私たちは、これから明らかにされる物語上の重要な要素に注意を向けることができる。どんな新しい玩具がベッドの上のウッディの定位置を横取りすることになるのかということだ。

映画における聴覚的なコントラストの例は、数え切れないほどある。ここではいくつかの例を挙げるだけで十分だ。『アラビアのロレンス』で、ロレンスは吹きすさぶ強風に見舞われたダウド

図3.6 『アラビアのロレンス』(62)は、多彩きわまるヴァリエーションをつけてコントラストを使っている。それゆえ、サウンドの使い方にまでコントラストが見てとれるとしても驚くことはない。ここでは、吹きすさぶ砂嵐の場面から、ほとんど音のない歩行の場面へとつながれている。

をピンチから救い出すことに失敗する。強風はスクリーンでは二分以上にわたってその猛威をふるい続ける。そこでロレンスがラクダを従えて歩いているほとんど音のない映像に切り替わる［図3.6］。『ソーシャル・ネットワーク』(10)では、騒々しいクラブの音楽がクラシック音楽と対照される［図3.7］。

物語のコントラスト
──緊張と弛緩

『ブレイキング・バッド』のウォルター・ホワイトはハイウェイを走っている。車中にはメタンフェタミンの結晶を売って得た多額の違法な金が積んである。突然パトカーのサイレンが聞こえ、彼はパニックに陥る。赤色灯をともしたパトカーが背後に現れて速度を

図3.7　『ソーシャル・ネットワーク』（10）の二つのショットにおける三重のコントラスト。闇／光、ミディアムショット／ロングショット、そして騒がしいクラブからのどかな田園風景へ。

増す。死ぬ思いをしながら現金を足元の床に隠し、道路の脇に寄る。パトカーは風を切って通り過ぎる。

ウォルター（および観客）は気づく。パトカーは別の人を追っていたのだと。観客もキャラクターもほっとする［図3.8］。

このシークェンスは、ストーリーにはまったく必要ない。ウォルターは結局、現金を携え行かなければならなかったところに行くし、しなければならなかったことをする。ここはまるまるカットすることができるし、カットしてもストーリーは矛盾も混乱もまったく生じさせずに先に進むだろう。けれども、このシークェンスはここにある。そしてすぐれた映画の物語は、このようなシークェンスに満ちている。

このような手法は、**コントラストの伏線**と言い表せる（あるいはもっと技術的な言い方では、点火薬だ）。つまり、観客にある特定の結

図3.8 『ブレイキング・バッド』（08）より。ウォルターはとても困っているが、結局それほど困った状況ではないことがわかる。彼は恐怖を味わい、観客も恐怖を味わい、その結果、脚本家へのご褒美として、誰もが次のエピソードにもチャンネルを合わせるのだ。

果が起こると信じさせるような手がかりを与えておいて、その反対の結果を見せるのだ。
スキルの高い映画監督たちがなぜコントラストの伏線を使うかと問うことは、ジェットコースターは乗った場所と同じところで客を下ろすのになぜ多くのアップダウンと緩急があるのかと問うことに似ている。その答えは、客をアトラクションに感情的に引き込むためだ。

科学はこれをどう見るか。あるいは物語の疲労を防ぐ方法

脳は一連の視覚的な反応を起こす過程で、眼が検知する圧倒的な量の視覚情報に優先順位をつけなければならない。そのための二つの主要な選択的プロセスが、ボトムアップ型の**知覚的サリエンシー**〔突出した感覚刺激が注意を誘引する特性〕とトップダウン型の**瞬間的検索機能**だ。(5)

一九九〇年代の終わりから、認知科学は以下のことを明らかにしてきた。私たちが見ているもの、あるいは聞いているものに対する私たちの感情的な関与ないし愛着は、**実行制御**〔思考や行動を制御する認知システム〕を解除して注意を引きつける。つまり、私たちが望まなくても引き込まれてしまうのだ。

感情的な刺激は――視覚的なものであろうと、聴覚的なものであろうと〔音楽によるものであろうと、言葉によるものであろうと〕――高度にサリエンシーのある知覚の情報処理の特殊な一例をなし、それは注意を要求し、観客の視覚および理解のプロセスをその刺激に特化する。このような注意は極度の疲労の原因になるが、映画監督は観客が疲れ切ってしまうことを望まない。

ここで、**緊張のコントラスト**の出番となる。感情の高まる瞬間が、感情が関与しないそれと関連

する瞬間と対照されることが重要だ。脚本家は、ストーリーラインの情報と、高度に感情的な聴覚的ないし視覚的情報を、感情の関与が比較的少ない情報と並置すれば、観客に対してもっとも効果的なタイミングで出すことができる。
パトカーを見て不安になり、そのあとでそのような不安の根拠はないことがわかるというように。

感情的になること、あるいは脚本執筆に際し、ある文における言葉の誘発性をいかにして使うか

心理学者は感情を、**誘発性**という言葉で理解している。これは〔人をひきつける〕正の誘発性、〔回避させようとする〕負の誘発性、中立的な誘発性というカテゴリーに分かれる。さらに、心理学者たちは次のことを発見してきた。正の誘発性は、中立的な誘発性と組み合わされるとコントラストを生み、このコントラストに観客はより緩やかに、とはいえ長続きする注意によって立ち会う。一方、負の誘発性と中立的な誘発性との組み合わせは、すばやく、とはいえ長続きしない注意のプロセスを要求するコントラストだ。

たとえば、『スター・ウォーズ』の序盤で、ルークとC－３POが逃げ出したR２－D２を探すとき、観客は負の誘発性に短時間（二十秒）さらされる（サンドピープル〔砂漠に住む人間に似た種族〕が罠を用意している）。これは、もっと長い中立的なシーン（四十五秒）と組み合わされる。そこでルークとC－３POはR２－D２を見つけるが、R２－D２は危険にさらされているのにそれに気づいておらず、さしあたって脅威を感じていない。それからもう一つの負の情報のシーン（一分強）

がくる。そこではルークが攻撃を受け、気を失ったままになる。そのあとオビ゠ワンが現れて事態を収拾する。［図3.9］

救出——正の情報——は今度は六分間の長いシーンと組み合わされる。そこでオビ゠ワンはルークを安全な場所に連れて行き、ルークの祖先について教えるが、これはそれとなくルークの運命について教えることにもなっている。このシーンは、正の情報と負の情報をいろいろな程度に組み合わせている。全体としてこのシーンは、サンドピープルのシーンよりも三倍長い注意を観客に要求する。

別の例が『北北西に進路を取れ』(59) にみられる。ロジャーがグランド・セントラル駅の電話ボックスから現れると、観客は負の感情の情報に直面する。ロジャーは警察に捕まる危険に陥っている。続く三分間、負／中立的な誘発性がはたらき、ロジャーは警察の目をごまかして列車に乗り込む。［図3.10］

ここでロジャーはイヴと出会う。イヴはとても協力的だ。私たちは正／中立の誘発性を手に入れる。これは六分以上続き、二人は食堂車でランチをとりながらお互いのことを知る。

これは三分間の負／中立の誘発性によって妨げられる。その間、警察が列車に乗り込み、ロジャーの居どころをつきとめようとする［図3.11］。六分間のラブシーン（非常に大きな正／中立の誘発性）が、今度は非常に大きな負の感情の情報によって遮られる。実はロジャーは、知らぬ間に死の危険にさらされている。

トップダウンの回帰

図3.9 『スター・ウォーズ』(77)より。サンドピープルの登場が、つかのまの負の情報をもたらす。かと思うと長い正の情報がそれに続く。オビ＝ワンがルークを救い、家に連れ帰るのだ。心理学者たちによれば、短い負の情報が突然現れると観客はすぐに理解してしまうが、正の情報を出す場合はもっと時間をかけることができる。観客は、より集中して画面を見つめるからだ。

純粋な光と闇のコントラストは、人間の心にきわめて早い時期から影響を及ぼしている。次のような場面が呼び起こす感情はよく知られている。子供時代には、弱い光や暗い場所は恐怖と負の情報処理に結びついている。同じように、騒々しくて不協和な音響は危険という、さらなる負の情報と結びついている。知覚によって引き起こされるこうした負の感情の創出とそこからの解放のタイミングをマスターすることで、映画監督は観客の注意を最大限にコントロールできるようになる。

『深夜の告白』(44)の冒頭で、シルエットの人物が近づいてくるのと同時に不協和な音楽が流れていることに注目しておこう。不協和な音楽は幕切れ

図3.10　誘発性のはたらき。負の感情の情報のすばやく短い突然の登場は、もっと長い正の感情の情報で締め括られる。『北北西に進路を取れ』(59)より。

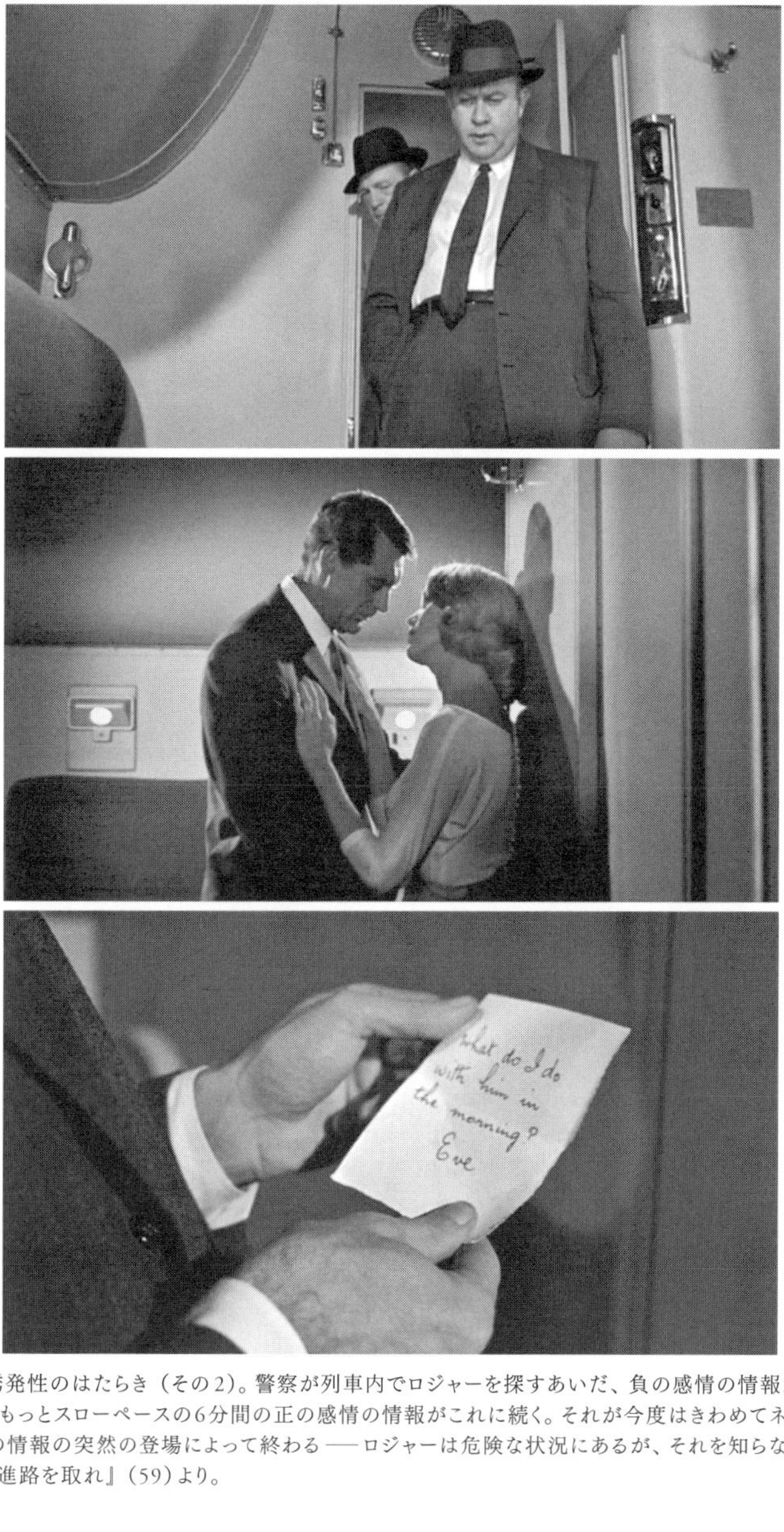

図3.11　誘発性のはたらき（その2）。警察が列車内でロジャーを探すあいだ、負の感情の情報が3分ほど続く（上）。もっとスローペースの6分間の正の感情の情報がこれに続く。それが今度はきわめてネガティブな、負の感情の情報の突然の登場によって終わる——ロジャーは危険な状況にあるが、それを知らない（下）。『北北西に進路を取れ』（59）より。

のショットで正義が下されるまで〔図3.12〕作品中でたえず繰り返される。

脚本、ストーリーの中で作用する感情のコントラスト、および正／中立と負／中立の組み合わせは、潜在意識のレベルで観客の注意と理解に影響を与えている。照明のコントラストと聴覚的な合図は、観客の感覚器官（耳と眼）を脚本家が理解してほしいことへと方向づけるためのツールだ。

この章で学んだこと

- 光または音またはアクションのコントラストは、脳の活動が適応し、発火を同期化させる原因となる。それがないと、ニューロンのパターンが情報処理をやめるのにつれて観客は退屈する。それゆえ、小さな宇宙船が巨大な宇宙船に追われている光景は、脳の活動を活発にするのだ。アイトラッカーが捉えた**物語のストーリーライン**が示すように、**サッケード運動**と**固視**（ショット間での、あるいはショット内部での眼の動き）は、観客が物語をどう理解しているかによって方向づけられる。サウンドのコントラスト――喧騒と沈黙――は、聴覚的に観客に同様の変化を引き起こす。こうして観客の脳の活動パターンが倦怠から抜け出し、十分に能動的に関与するようになる。観客は文字どおり、物語の参加者となる。
- **サリエンシーによる知覚処理**（あるいは、物語の疲弊をどのように避けるか）とは、観客に**燃料を供給すること**、あるいは、観客が手がかりを通して何かを期待するように準備させたうえで、まったく予期していない何かを提示することだ。重要なのは、**緊張が弛緩と対照されなければ**

図3.12　不安をかきたてるシルエットの人物と、大音量の不協和な音楽との組み合わせが『深夜の告白』（44）の冒頭の特徴だ。これが負の感情的反応を引き出す合図であることを、観客はすでに学習している。不協和な音楽はたえず反復されるが、最終的にエンディングのシーンのハーモニーにおいて解決する。

ならないということだ。感情が高まる瞬間は、それに関連した感情的でない瞬間と対照される必要がある。

- 感情のコントラストや**誘発性**（心理学者が私たちの広範囲にわたるいろいろな情緒を極度に単純化された正・負・中立という対立項にカテゴリー化したもの）のコントラストは、注意をつなぎ止めるための強力なツールだ。非常に大きな負／中立的な感情の情報と非常に大きな正／中立的な感情の情報を対照させることで、脚本家は予想以上の効果を手にすることができる。

脚本検診――コントラストと雰囲気

三つの場面を書いてほしい。最初の場面では、一人のキャラクターが見知らぬ土地にやってきて、思いがけない人物に出会う。第二の場面では、そのしばらく後で、この同じキャラクターが同じ場所にやってくるが、もう一人の人物はもうそこにいない。台詞は使わないこと。映像とサウンドだけ。書きながら次の点に注意すること。雰囲気にコントラストをつけることで、観客に対するその場面の効果をいかに高めるか？　この場面ではどのような照明（時間帯、天候など）を選ぶのがベストか？　あなたの書いた物語をよりよく伝えるために雰囲気や照明のヴァリエーションをどのように利用することができるか？

知覚の実習――刺激のコントラスト

図3.13　知覚の実習――刺激のコントラスト

私たちの桿体は物体の縁に反応する。境界に近づいているという視覚情報はもちろん、私たちが生き残れるかどうかを左右する情報だ。照明はもちろん物体の表面か側面か裏面かに応じて別な仕方で反射する。二つの物体がまったく同じ輝度の光を反射していても、もしそれぞれの物体の背景が別の輝度の光を反射していれば、私たちは二つの物体の間に実際には存在していない差異を知覚する。

影の差し方を自分で試してみてほしい。まず、明るい電気スタンドの光を白い紙に直接あてる。次に、スタンドと紙の間にカードか本を差し入れて影を作る。影がグレーの階調をなし、挟んだ物体の端に近づくにつれて暗く見え、端から離れるにつれて明るくなる。ここに見えている縁《へり》（マッハの帯*）は、ボトムアップ型の情報の物理的変化には無関係だ。電気スタンドにも紙にも何の変化もない。脳がコントラストを作り出し、縁を見失わないようにしてくれているのだ。

* マッハの帯（マッハ・バンド）
明度差による縁辺対比の錯視の一種。段階的に明度が変化するグラデーションの領域と明るさが変わらない領域とが接していると、暗い方の領域の境界付近はより暗く強調されその位置が帯状に暗く見え、明るい方の領域の境界付近はより明るく強調されその位置が帯状に明るく見える。この現象を発見した物理学者エルンスト・マッハにちなんで命名されている。

原注

（1）Gustav Freytag, *The Technique of the Drama: An Exposition of Dramatic Composition and Art*, trans. E. J. MacEwan (Chicago, IL: Scott, Foresman, 1990), p. 44.

（2）Frank Daniel, *Workshop Lecture* (New York: Colombia University, October 7, 1980).

（3）Richard L. Gregory, *Eye and the Brain: The Psychology of Seeing*. 5th ed. (Oxford: Oxford University Press, 1997). 〔リチャード・L・グレゴリー『脳と視覚――グレゴリーの視覚心理学』（近藤倫明、中溝幸夫、三浦佳世訳、ブレーン出版、２００１年）〕

（4）C. Christoforou, S. Christou-Champi, F. Constantinidou, and M. Theodorou, “From the Eyes and the Heart: A Novel Eye-Gaze Matric that Predicts Video Preferences of a Large Audience,” *Frontiers in Psychology*, 6 (2015): 579. 1-11. https://www.frontiersin.org/articles/10.3389/fpsyg.2015.00579. https://doi.org/10.3389/fpsyg.2015.00579.

（5）E. Asutay. “Negative Emotion Provides Cues for Orienting Auditory Spatial Attention.” *Frontiers in Psychology*, 6 (2015): 618. https://www.frontiersin.org/articles/10.3389/fpsyg.2015.00618. https://doi.org/10.3389/fpsyg.2015.00618.

第4章

状況説明の科学

あるいは、インフォダンプの何が問題か？

一本の映画にのめりこむために観客が知らなければならない情報がある。誰が、何を、いつ、どこで、どのように、という問いへの答えだ。こうした情報は**状況説明**と呼ばれている。もしこれらの問いに対する答えを知らなければ、私たちはただ出来事が起こるのを眺める傍観者にすぎず、どのキャラクターに対しても感情的なつながりを作り出すことができず、そっぽを向くだけだろう（第2章参照）。もし答えを知っていれば、起こることへの期待と不安を味わうことができる。つまり、波長が合ったままになり、感情的に圧倒され、友人たちにその映画を絶対に見なければだめだと言うようになる。

脚本の状況説明の扱いにくい部分は、映画の序盤のパートに集中しがちだということであり、そこれはまさに脚本家／監督が観客を夢中にさせ、ドライブに連れ出す必要があるときだ。したがって、多くの脚本の教科書は状況説明をどのように扱うべきかについての警告や入念な指示を出してきた。

［図4.1］［図4.2］

状況説明は、観客をすぐに退屈させてしまう

デヴィッド・ハワードは言う。「状況説明は出し惜しみしなければならない。［……］長々とした状況説明をどのように扱うべきか？　ブレイク・スナイダーはこのようなアドバイスをする。「状況を説明してほしい……でもお願いだから、退屈でうっかり居眠りをしないように楽しく教えてほしい。状況説明――プロットのディテール、強盗計画の説明、背後にある予備知識のようなそもそも退屈な説明――はダラダラさせず、器用な脚本家だったら観客が楽しめるくらいに工夫すべきだ。退屈しないようにうまく状況説明を処理することを、〈埋める〉という。このテクニックをマスターすると、味気ない退屈な情報や説明がうまく調理でき、食べやすくなる[2]」。

残念なことに、スナイダーはいくつかの問いに答えずにいる。たとえば、「器用な脚本家」はどうやってそうするのか？　あるいはもっと具体的には、どうすれば器用な脚本家になれるのか？それにそもそも、「食べやすい」とはどういう状態のことなのか？

ロバート・マッキーは、もう少し助けになる。「ストーリーを理解するうえで絶対に必要な情報以外は、与えるのではなく、控えることで観客の関心を引きつけるのだ。［……］ペース配分が必要だ。［……］最良のものは最後にとっておくのだ。［……］好奇心を刺激して知りたい欲求を高めてやろう。［……］情報が欲しくてたまらない観客なら、どれほど複雑な事実であっても、すんなり理解できるだろう[3]」。

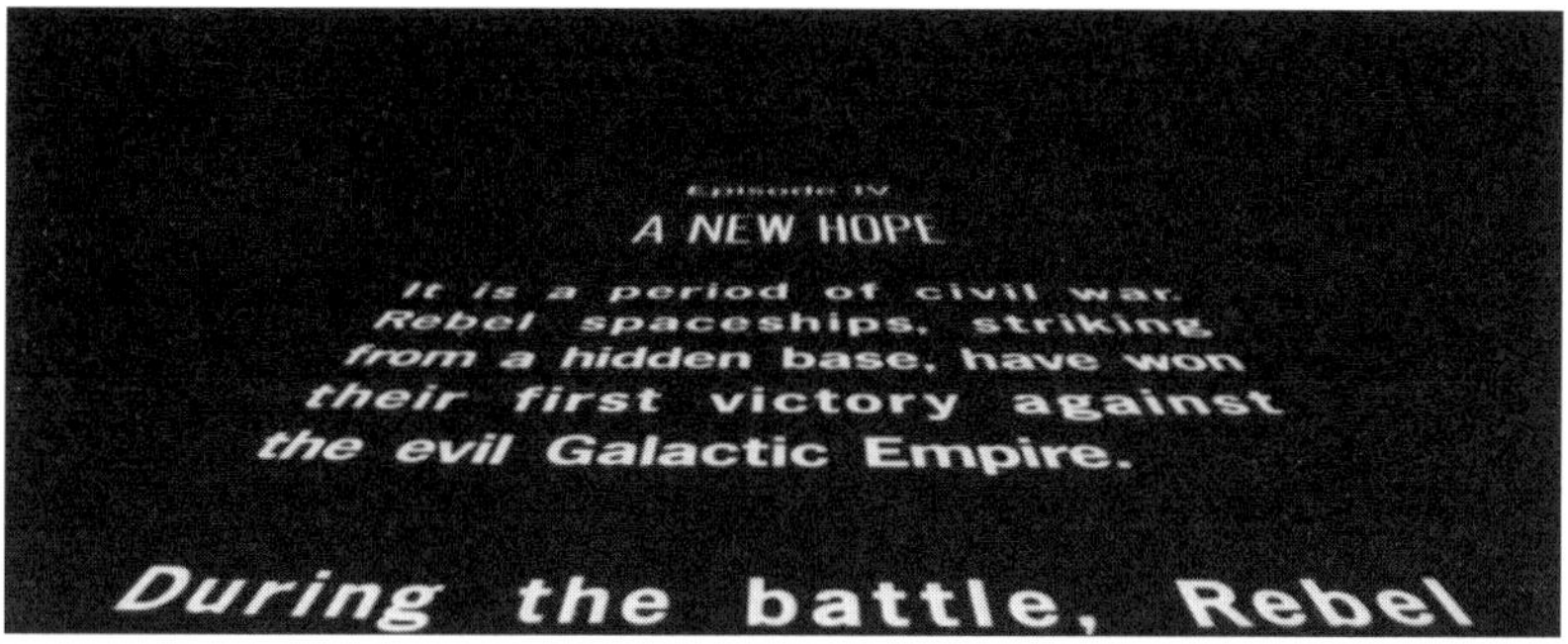

図4.1　「あらゆるインフォダンプの母」。『スター・ウォーズ』（77）の冒頭字幕。もし映画館にノートをもっていかなかったら、おそらくこの情報の多くを覚えておくことはできないだろう。しかし、問題はない。なぜなら、これはじっさいには1930年代の連続映画（図4.2を見よ）へのオマージュなのであり、映画はあなたが知る必要のあるすべてのことをあとからすぐにまた教えてくれるから。人間の心にはインフォダンプを処理する能力が備わっていない。

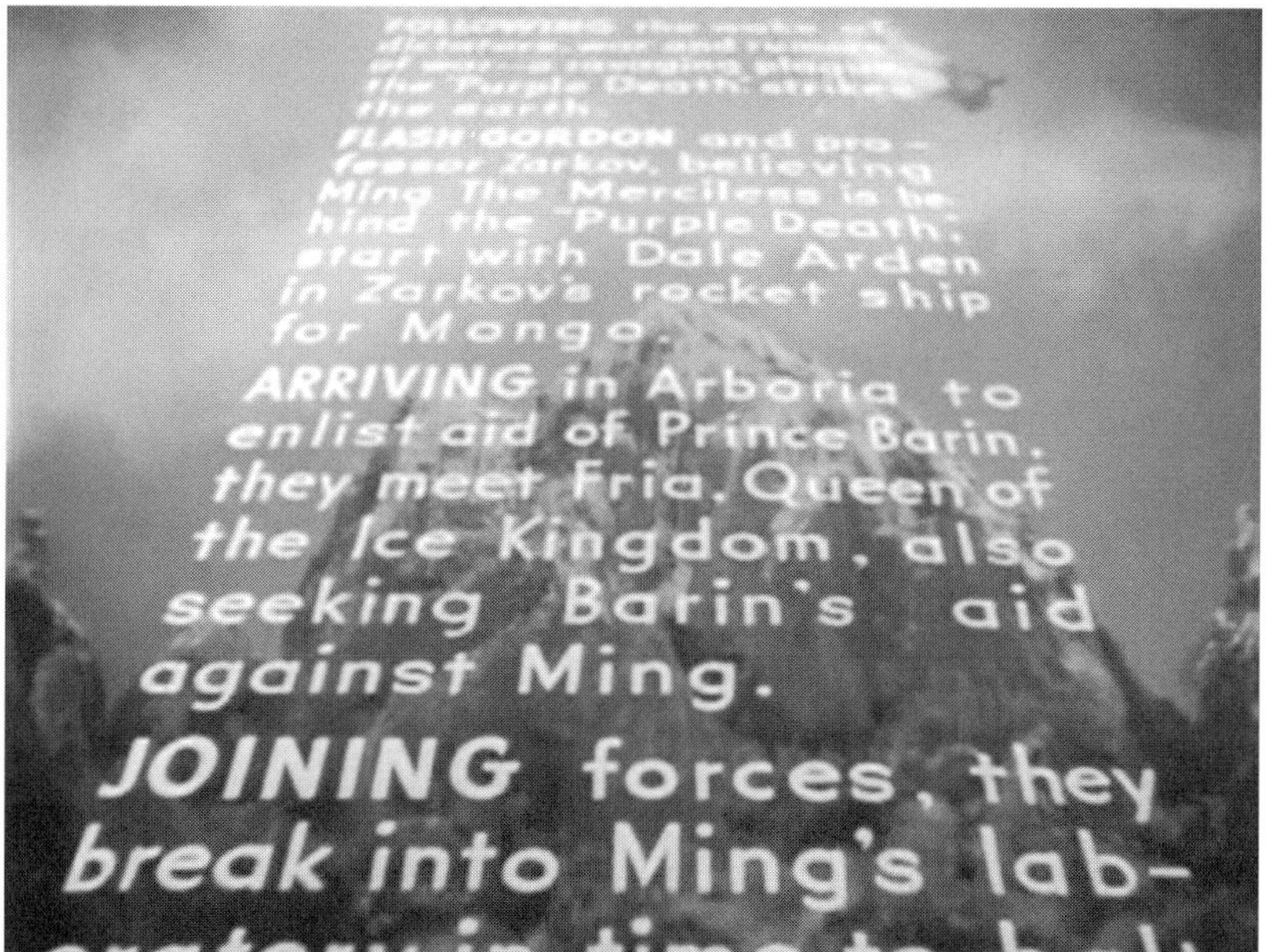

図4.2　「あらゆるインフォダンプの祖母」。『フラッシュゴードン』（36）のあるエピソードの冒頭字幕。

構築主義的心理学という救世主

運のよいことに、科学は先に引いた権威たちによって残されたいくつかの空白を埋めることができる。特に、いかにして脳はパターンを探すか、いかにして脳は最小限のエネルギーだけしか使わずに済まそうとするか、そして、いかにしてうまい状況説明はスキーマに依存しているかということだ。つまり、あなたが状況説明の神秘の鍵をいかにして解き、いかにして「器用な脚本家」のようにしかるべき方法でうまく状況説明を扱うかだ。

人間が世界を完全な情報によってというよりも、むしろ手がかりによって知覚していることについてはすでに見ておいた（第1章）。つまり、世界ではあまりにも多くのことが起こっていて、私たちの単なる有限な感覚器官と脳はそのすべてを完全に処理することができない。それゆえ、私たちはかつての経験に基づいて、知覚されるものについての仮定をすることで、ショートカットをする――トップダウン対ボトムアップという例の図式だ。

もっと専門的な用語を使えば、私たちは二方向の情報の流れを経験する。第一に、現実世界から入ってくるあらゆる刺激（光、音、手触りなど）は、視覚的なり聴覚的なりのエネルギーから、電子化学的なニューロンのインパルスへと変換される。そのインパルスは順々に私たちの脳の隅々まで伝達される。これが感覚と知覚についてのボトムアップ式の情報だ。どんな思考も感情も関与していない。しかし、ひとたびこの電子化学的な情報が大脳皮質（考える脳の領域）にたどりつくと、それは皮質下にある、より原始的な感情の中枢を通り、私たちの個人的な人生経験と嗜好と意見がつけ加わる。これがトップダウン式の情報だ。こうして、私たちが誰であるかが、私たちがどのように反応するかを決定する。

第1章で説明したように、これによってあなたはすばやく木に登ることも、飼い犬と遊ぶこともできる。まとめると、こうした人生経験は私たちが世界のさまざまな概念について知っていることがらをスキーマと呼ばれるショートカットに組織する。人間の経験は広く共有されている。つまり、ほとんどの人は誕生日パーティーを開いたり、車や電車や飛行機に乗ったり、野球に行ったり、単に映画に行ったりすることを経験している。私たちは野球には二つのチーム、ユニフォーム、外野観覧席、観衆、そしておそらくビールがつきものであるという一般的な知識をもっている。こうした情報の断片が寄り集まって、「野球」というスキーマになる。それゆえ私たちは、野球を見に行くプランを立てるとき、こうした情報の集合を見たり聞いたりすることを予想する。私たちはスキーマに好んで依存するので、私たちの頭や眼や、それどころか足や手さえも、試合で起こることに反応しようと待ち構えている。スキーマは環境についての私たちの探求を方向づける。腕のいい脚本家は、誰が、何を、どこでという情報をもちこむために、いかにしてスキーマを使うことができるのだろうか？　観客がすでに自前のスキーマを映画館に持ち込んでいることを忘れてはいけない。想像が現実を生み出すのだ。そんなわけで、土台はすでに観客の中にできあがっている。

重要なのは、こうしたことがいわゆる意思によらない過程であることだ——つまり、自分ではどうにもできないことだ。私たちの意識がはたらいているとき、脳は、たえずデータを取り込み、処理している。どのように処理しているかというと、いくつかの合図を取り込み、それらを組み合わせて、より複雑な図や理解を作っているのだ。脚本家はいかにしてこの事実を利用することができるだろうか？　これを実践している二つの例を検証しよう。

『ニノチカ』（一九三九年）

この名作（脚本チャールズ・ブラケット、ビリー・ワイルダー、ウォルター・ライシュ、原作メルヒオル・レンジェル、監督エルンスト・ルビッチ）の中で起こる出来事を理解するには、次のことを知らなければならない。三人のロシアの使節ブルジャノフ、イラノフ、コパルスキがパリにやってきて宝石を売る。宝石は一九一七年のボルシェビキ革命の最中にロシアの王女スワナから収奪したものだ。脚本家にとっての一つの選択肢は、オープニングクレジットが終わったあとでこの情報をそのまま観客の前に投げ出すことで物語を始めることだ。

そうする代わりに本作の脚本家たちは、怪訝そうな表情の男が一軒の豪華なホテルに入っていくショットで始めた。男が目で合図すると、それに続いてもう一人が、さらにもう一人が入ってくる。彼らのうちの誰一人、支配人の手助けに関心を示さない。［図4.3］

オープニングは情報が少ない。しかし、いくつかの合図と手がかりを含んでいて、それらは不完全な情報から理解を生み出す私たちの心的傾向を利用する。私たちは最初に、豪華なホテルを認める——これはほとんどの観客が経験したことのあることだ。それから、異例な事態が起こる。誰が見ても挙動不審の何人かのみすぼらしい服装の男たちの登場だ。彼らを怪しいと判断するのも、やはり以前の経験に基づいている。

脳がこの興味深い情報を処理し始め——そしてさらなる情報への準備を整えたあとで——私たち

図4.3 『ニノチカ』（39）のオープニング・ショット。脚本家たちはさまざまな手がかりから仮説を構築する観客の逆らいがたい条件反射を利用して、私たちを手がかりに食いつかせようとした。

はいくつかの答えを手にする。男たちは盗賊ではなく、モスクワからある種の任務を携えて来ているのだ。しかし、この新しい情報は単に突然降ってわいたのではない。それどころか、会話が始まると、この会話がふたたび観客にいくつかの合図を出す。完全な情報を出す代わりにだ。三人の中で最後にホテルから出てきたコパルスキが他の二人に言う。

コパルスキ　同志よ、なぜ嘘をつきあわねばならないのだ。素晴らしいよ。
イラノフ　正直になろう。ロシアにこんなのがあるかな。
全員　(彼に賛成して) ないない。
イラノフ　こういうホテルにはどんなベッドがあるのかな。
コパルスキ　ベルを一度鳴らすと駐車係がやってくるらしい。二度鳴らすと接客係がくる。三回鳴らすとどうなるか知ってるか。メイドがやってくる。フランス人のメイドが。
イラノフ　(目を光らせて) 同志よ、九度鳴らしたら……入ろう。
ブルジャノフ　(彼を引き止めて) ちょっと待て。――ちょっと待てよ。その考えにいささかも反対ではないが、あえて言う。ターミナル・ホテルに戻ろう。モスクワはそこにわれわれの予約を入れた。われわれは公的な使命を担っているのであり、上司の命令を変える権利はない。
イラノフ　ブルジャノフ同志よ、きみの勇気はどこへ行った？
コパルスキ　本当にきみはバリケードで戦ったブルジャノフか？　そのきみが今ではバス付きの部屋をとることを恐れているのか？

ブルジャノフ　（タクシーに戻ろうとして）シベリア送りになりたくない。

（イラノフとコパルスキはしぶしぶ彼に従う）

イラノフ　ターミナル・ホテルには戻りたくない。

コパルスキ　レーニンが生きていたら言っただろう。「同志ブルジャノフ、一生に一度のパリだぞ。ばかなことはよせ。あそこに入ってベルを三度鳴らせ」

イラノフ　そんなことは言わないさ。こう言うだろう。「ブルジャノフ、安ホテル暮らしなどはだめだ。ボルシェヴィキの沽券に関わる。おまえはお湯のスイッチをひねると冷水が出て、冷水のスイッチをひねると何も出てこないホテルに泊まりたいのか？　ブルジャノフのいかさま野郎！」

ブルジャノフ　（気持ちがぐらついて）私たちの居場所は一般庶民のいる場所だという考えに変わりはないが、レーニンに逆らうことはできない。入ろう。

情報の代わりに、私たちは会話に立ち会う――あるいはもっと具体的には、口論だ。私たちはその口論に興味をもたないし、そのうちのどの台詞も私たちに向けられてはいない。私たちは単にそれを立ち聞きするだけだ。私たちにわかることは、すべて推論の結果だ。同志という言葉の使用は私たち――ともかくも歴史についての若干の予備知識のある者――に、この人たちがロシアの共産党員であることを知らせる。国籍は、服装の種類やロシアへの言及、および言葉の訛りによって確かめられる。私たちはさらに彼らのそれぞれの力関係についても知る――彼らがモスクワのいいなりで、モスクワの権威を恐れていること――また、革命に関与した彼らの過去についても。さらに、彼らの発想のプロセスもなんとなく理解する。

次のいくつかのシーンの間、私たちは彼らの会話を立ち聞きしつづける。まず、支配人との会話。それから、宝石商との電話。そしてこれらのヒントとなる合図によって、私たちは先ほどの情報をはじめて理解する。ホテルとルームサービスについての私たちのスキーマが、会話において直接言われていないことを補う。「同志」――パートナーあるいは同僚――についての私たちのスキーマが、私たちに彼らの上下関係、および誰が誰でといったディテールや、このシナリオの規則がどのようなものであるかを予想するように促す。スキーマは好奇心が芽生えるとはたらき始め、状況説明がうまく伝わったとき、私たちの興味を釘付けにする。

この作品は五分もかけずにこれを成し遂げる。単に字幕を使うほうが手っ取り早いのは確かだ。しかし、事実を述べただけの情報を漫然と聞かせることは観客の生来の知覚のプロセスを利用しないので、私たちがその情報を長く覚えている可能性は少ない。レシピをマスターする経験と似ているかもしれない。レシピ――材料のリストと手順の載ったもの――を一度でマスターすることのできる人はほとんどいない。何度も同じ箇所に立ち戻って、頻繁に読み直す必要がある。

脳は単にインフォダンプ*をうまく吸収することができないのだ。

より最近の事例が『世界にひとつのプレイブック』(12)にある。この作品で起こることを理解するには、次のことを知っておく必要がある。パット(ブラッドリー・クーパー)は、一緒の高校で働いていた妻が歴史の教師と不倫をする現場を目撃して逆上し、不倫相手を殺しそうになった。彼は八ヵ月精神医療施設にいるが、復職したいと思っている。

ここでも、こうした事実は字幕によって観客の頭に詰め込むこともできたが、『ニノチカ』と同

図4.4 『世界にひとつのプレイブック』（12）のオープニング・ショット。パットは私たちに背中を向け、日曜のフットボールの試合について呟いている。パズルのはじまりだ。これが合図となって、観客はストーリーを理解する助けになるディテールへの注意を研ぎ澄ますようになる。

じく、この作品もパズルで始まる。確かに、〔事実を述べただけの〕「純粋な情報」も少し出てくる。黒画面に白抜きの字幕で「ボルティモア、カレル精神病院」と出るのだ。とはいえ、その時点ですでにパズルが始まっている。黒画面のバックで誰かが日曜のフットボールの試合について話しているのが聞こえる。最初のショットは私たちに背を向けた男が、狭い部屋で、どうやら独り言を言っているような映像だ〔図4.4〕。素早いカット割りで、私たちは彼の周囲を見、彼の名（パット）を知り、彼の母親と職員との会話を耳にし、それから彼の将来の計画を聞き、彼の家にたどり着く。そこで父親のパット・シニアとのさらなる会話が続く。映画が始まって十四分経過してはじめて、私たちは精神科医との会話から、彼が歴史教師を殺しかけたエピ

＊　インフォダンプ
（主にコンピューターに関して）同時に供給される大量のデータ。あるいは、長々と物語の状況説明を提示するナレーション。転じて、一度にはこなし切れないような大量の情報を与える行為を意味する用法もある。

ソードについて知ることになる。
この十四分間は無駄に経過するのではない。なぜなら、観客に合図と手がかりを与えることで、これらの合図と手がかりからもっと堅固に理解を構築しようとする逆らいがたい心的傾向が私たちのうちにこの情報を刻み込むからだ。私たちはそれを容易に忘れないだろう。

私も腕の確かな脚本家になれるか?

構築主義的心理学があるおかげで、この問いに対する答えは明らかに「イエス」だ。名手たちは確かに状況説明を「ケチって」伝え(ハワードのアドバイスだ)、ロバート・マッキーによれば状況説明は観客による好奇心の創出によって伝えられる。しかし、こうしたアドバイスにとどまらない状況説明についての体系的な考え方も存在する。脚本家/監督は実際に、いかに観客が複数の手がかりを一つにまとめるかに責任を負っている。名高い脚本の教授フランク・ダニエルは学生にこう勧めている。「諸君の仕事は、観客を世界でいちばんスマートな人々にすることだ。観客に、自分がディテールのすぐれた観察者であると実感させなさい」。そうすれば観客はいつも次に来るものについて脚本家の考えを先回りしようと試みるだろう。[4] ダニエルはさらに次のように指摘している。この意味で脚本家は実際に観客とゲームを演じているのだと。

新米の(およびそれほど新米でない)脚本家の犯すひとつのよくある間違いが、脚本をすぐにストーリーによって始めてしまうことだ。実際には、パズルによって始めるのがベストだ。観客にさまざまな手がかりと合図をパズルにして投げ出すのだ。観客が映画の中で出会いつつある世界についてのある特定の理解を作り出せるようにデザインされたパズルだ。そして構築主義的心理学による非意志的な無意識の情報操作に残りを委ねること。このやり方であれば、少なくとも情報を「食べやすい」寿司のようにスムーズに咀嚼させることはできるだろう。

別世界の背後の科学

状況説明に関して考慮すべき問題をついでにもう一つ。文字どおりこの世界の外側を舞台とする映画において、状況説明はどのように機能するのか？　つまるところ、理解を導く「トップダウンの」知覚プロセスは私たちの経験に基づいているが、かといって、私たちが『スター・ウォーズ』を理解するために困ることはまずない。たとえ地球外の宇宙に行ったことのある人類が五百人ほどであったとしても。さもなければ、全世界の興行成績で七億八千万ドルを稼ぎ出すことができたはずがない。

第1章で論じたとおり、ひとつの説明の仕方は、映画館に入るときの観客の意図がどのようなものであるかだ。観客は自分を「現実」から切り離す。観客の意図は（楽しみたいという意図のほかに）、現実の幻影に入り込みたいというものだ(5)。とはいっても、その幻影を、旅行や宇宙飛行士についての観客自身のスキーマに関連づけられるほどには馴染深いものとして作り出さなければならない。重要なのは、『スター・ウォーズ』は宇宙旅行についての観客自身の見聞をあてにしていないということだ。それでは観客はどのようにこの世界の外部の（しかも彼らのスキーマの中にはない）ものへのつながりを作ったのだろうか？［図4.5］

図4.5　『スター・ウォーズ』（77）より。こういう乗り物に乗ったことがあるだろうか？　もしなくても大丈夫。観客は『スター・ウォーズ』を理解するために宇宙船に乗った過去の経験を利用することはできないが、監督は車の運転といった地上での類似の経験をあてにすることができた。その結果、何百万という宇宙飛行士でない人たちが映画を見るために金を払った。

話題を戻そう。冒頭の宇宙船のバトルを見るために必要なトップダウンの情報についてふたたび考えよう。乗り物について私たちは実生活での豊かな経験をもっているが、それは次のように単純化されているのではあるまいか。乗り物とは人間よりも速く動くことができ、人間を乗せ、人間によって制御され操縦されるものである。通常はA点からB点へと人々を運ぶ意図をもつ。そしてそのようなトップダウンの経験のすべては、宇宙船が高速の操縦で動くのを見ることと矛盾しない。たとえ観客の中の誰一人として宇宙船を実際に飛ばしたことがありえなくても。そんなわけで脳は、私たちが経験していないことを説明するために、すでにもっているものを使って細部を補う。スクリーンで起こっていることをこのように現実世界の経験に結びつけるこのプロセスこそ、脚本家が状況説明において巧妙に使用できるものだ。

脚本家／監督は、想像力の産物を認知能力によって把握できるようにするために十分な「現実」を持ち込むことに注意を払わなければならない。スキーマ、もしくは映画やさまざまな脚本あるいは舞台についての観客の広範囲にわたる既存の知識が、理解を支えるために役立つだろう。ニューロンはもともと個別的な細胞だが、ニューロンどうしが連結して連鎖をなすことによってはじめて活動できる。一度活動を始めたニューロンは寄り集まって、いわば、あとから入ってくる情報に対して新たに反応できるように待ち構えていなければならない。それゆえ、想像力の産物ではない物体あるいは出来事を十分に内容に盛り込むことで注意深くバランスをとったシーンとシークェンスは、観客のスキーマをはたらかせることになる。観客自身の人生経験が映画に対する観客の感情的なつながりを生み出し、脚本家／監督が観客の注意を合図に向けつづけることを可能にする。観客はその合図をつかむだろう。たとえそれらが観客の経験を超えた要素——たとえば宇宙船——を含んでいたとしても。[6]

この章で学んだこと

うんざりするような長々と退屈な**インフォダンプ**は読者あるいは観客を即座に圧倒しかねず、あなたの脚本への興味の喪失の原因となる。脚本の教科書は概ね次のことに同意する。——背景的な事実を早く手にすることが読者の理解にとっては重要であるが、より少ない要素でより多くのことを言うことが観客の注意をキープするための鍵であると。出し惜しみされ、あるいはじらすように差し出される情報は、読者を推測しつづける状態に保つ。あるいは、**構築主義的心理学**が指摘するように、観客が彼らの**スキーマ**に依存することを可能にする。事実を説明する代わりに、情報の断片を手がかりとして差し出すことが観客の参加を促す。人間は自分のスキーマによる仮定の正しさを証明せずにはいられないので、問い続けるのだ——自分は正しいのかと。そういうわけで、脚本をストーリーではなくパズルとして始めるのがベストだ。

脚本検診——観客とのゲームとしての状況説明

あるレストラン、あるいは別の場所を舞台とする一つのシーンを書いてほしい。そこでは一人のキャラクターが二人（あるいはもっと大勢の）別のキャラクターたちの会話を立ち聞きする。もっぱら聞いている人の視点からこのシーンを書いてほしい——そのとき、私たちは人々が話しているのを見ていない。台詞を、聞き手（そして読者）に手がかりを与えるようなやり方で書き、その手がかりを照合することで別のキャラクターたちが話していることについての理解を生み出すようにしてほしい。そしてシーンの最後のほうで、会話を立ち聞きしているキャラクターは会話をしている人たちと対面しようという意図をもつ（どんな理由からにせよ、おそらく聞いていた会話から結論したことに基づいて）。意外な結末を考えてほしい。

この練習は、観客に手がかりを与える練習だ。この場合の手がかりは台詞だ。それをもとにして、私たちは話している人たちについての細部を推測することができる——その人たちが誰で、彼らの関係はどうで、彼らは何を求めているかを。すなわち、状況説明を。しかし、意外な結末によって、それはまた、いかにして私たちが手がかりだけに基づくことで間違った理解を構築する可能性があるかをも示す。手がかりはその背後に一つのシナリオが隠れていることを想定させるが、状況の真相が明らかになると、キャラクター［と観客］は、手がかりの組み合わせ方次第でそれとは別のシナリオの可能性もありうることを理解する。

知覚の実習――あの物音はどこから？

私たちの聴覚組織は音声（これは周囲の空気圧の変化の結果だ）から、どこで何の音がしているかという情報を引き出す。科学者たちは、私たちがどのように方位（左から右へ）と高度（上下）という座標に音を位置づけるかを計測している。これを複数の人に試し、データによって次のことを確認してほしい――大多数の人は自分の正面からの物音に対しては、どこで物音がしているかをかなり正確に位置づけることができる。また、背後からの物音に対しては、いずれの座標もそれほどあてにならない。

協力者にこう指示してほしい。「いまから鍵束をいろいろな地点から鳴らすから、目を閉じてどこから音が来るかを言ってください」。椅子を協力者の前後左右に一つずつ置いて、協力者の顔の左右上下から鍵束の音を聞かせてほしい。あなたが協力者の正面にいるときと背後にいるときとの差を正確に記録しよう。人によって聴力は異なるので、複数の人たちにこれを試してほしい。すぐにわかるだろう。なぜ観客がスクリーンと向かい合っているかが。

原注

（1）David Howard, and Edward Mabley, *The Tools of Screenwriting* (New York: St. Martin's Griffin, 1995), p. 60.

（2）Blake Snyder, *Save the Cat!: The Last Book on Screenwriting You'll Ever Need* (Studio City, CA: Michael Weise Productions 2005), p. 185.〔ブレイク・スナイダー『SAVE THE CATの法則――本当に売れる脚本術』（菊池淳子訳、フィルムアート社、2010年）、256頁〕

（3）Robert McKee, *Story: Substance, Structure, Style, and the Principles of Screenwriting* (New York: HarperCollins 1997), pp. 335–337.〔ロバート・マッキー『ストーリー――ロバート・マッキーが教える物語の基本と原則』（越前敏弥訳、フィルムアート社、2018年）、407-408頁〕

（4）Frank Daniel, *Workshop Lecture* (New York: Colombia University, September, 1979).

（5）Noël Carroll and William P. Seeley, "Cognitivism, Psychology, and Neuroscience: Movies as Attentional Engines", in *Psychocinematics: Exploring Cognition at the Movies*, ed. Arthur P. Shimamura, pp. 53–75 (Oxford: Oxford University Press, 2013).

（6）Carroll and Seeley, "Cognitivism, Psychology, and Neuroscience".

第5章

原因と結果の科学

あるいは、パッカーズは本当に私がチーズヘッドをかぶらなかったから負けたのか？*

はるか昔、ギリシャの哲学者アリストテレスは、劇における原因と結果についてシンプルで説得的な説を打ち出した。

「全体」とは、始めと真中と終りをもつもののことである。そして「始め」とは、それ自身は

* パッカーズはウィスコンシン州に本拠を置くＮＦＬチームのグリーンベイ・パッカーズのこと。チーズヘッドとはパッカーズのファンがかぶる穴あきチーズ型の帽子。チーズはウィスコンシン州の名産品である。

かならずしも他のものの後にあるとはかぎらないが、それの後には他のものがあったり生じたりすることが本来的にきまっているところのものである。逆に、「終り」とは、それ自身は他のものの──必然的な帰結として、あるいは多くの場合にそうなるという意味で──後にあるのが本来であるが、それの後には他のものは何もないところのものである。また、「真中」とは、それ自身が他のものの後にあるとともに、それの後にも他のものがあるのが本来であるところのものである。[1]

ギュスタブ・フライタークはそれを以下のような言い方で述べている。

物語の筋はよどみなく一貫性を保って進行しなければならない。筋は、ある出来事に後続する別の出来事を描くことによって生み出される。その結果、最初の出来事はこの出来事の明確な原因となる。[……]因果関係を自在に作り出すことで複数の出来事をこのように結びつけることが、劇という芸術の顕著な特徴だ。[2]

原因と結果の観念はあまりに深く私たちの常識に根ざしているので、それが観客(と読者)をストーリーに釘付けにしたままにすることにどんなに役立つかを映画監督は見落としかねない。しかし、目標に向かう衝動をもったキャラクターという観念──多くの脚本の教科書において強調されているベーシックなパターン──は、原因と結果を含む。キャラクターが目標にたどりつこうとするメインとなるアクションは、そのキャラクターのゴールへの欲望という原因の結果だ。[3]『世界にひとつのプレイブック』(12) において、妻とやりなおしたいというパットの欲望は、起こるすべての出来事、アクション、それに逆行するアクションへと導く原因だ。

『ソーシャル・ネットワーク』(10) におけるマーク・ザッカーバーグの社会的に不器用な態度は、多くのさまざまな結果——アクションとリアクション——へと導く原因だ。それがこの映画の内容を提供している。この映画の脚本は複雑で多彩に書かれており、多くのキャラクターと事件が出てくる。そしてそのほとんどは、順序を無視して物語られる。それにもかかわらず、観客は原因と結果の見事に一貫した連鎖をたどることができる。この連鎖が起こるすべてのことを説明するのだ。マークはエリカを侮辱し、それが彼女が彼をはねつける原因になる。それが彼の心を傷つける。その結果、彼はハーバード大学のコンピュータシステムをハッキングして悪口雑言を吐き出す。それがキャンパスに彼の悪評を立てさせ、それが双子のウィンクルボス兄弟——上流階層の人間——の注意を引き、彼らはマークを雇う。この出会いは、どのように見るかによるが、マークにとっての袋小路でもあれば、彼にフェイスブックを立ち上げるアイディアをもたらすことにもなる。いずれにしても、彼はフェイスブックのアイディアを思いつく。彼はそれに必要なプログラミングのために万事をあとまわしにする。他人を雇って助けとし、友人のエドゥアルドを財政的な後ろ盾とする。そのアイディアはまた、マークとエドゥアルドに女性の注目を集め、仲良くならせる。サイトの立ち上げはウィンクルボス兄弟のネガティブな反応の原因となり、彼らは騙されたと感じ、マークに対して訴訟を起こす。それはまた彼らのプロジェクトにショーン・パーカーの注意を引かせ、彼はマークを莫大な財政的報酬へと導くが、彼とエドゥアルドとの決別の原因となり、エドゥアルドを彼の告訴に加わらせる原因となる。最後の訴訟の結果——マークへの二重の告訴——は、未来へと保留され、最後に若い弁護士による一つの結末がほのめかされ、弁護士はマークに自分が解決すると請け負う。

もし脚本のページが原因と結果の交替によってパターン化されていれば、読者の理解と熱狂を生み出すのはずっと簡単だ。実際、明確な因果関係なしでシーンが継起する脚本は、読者がついていくのがむずかしい可能性がある。群像劇や、いくつかの並行したアクションによって始まったりする映画は、このような観点からは特に挑戦的であり、観客の集中力を維持するために、取り扱いに注意を要する。『ソーシャル・ネットワーク』では、映画をマークと彼の世界から始め、それから双子のウィンクルボス兄弟らを巻き込む同時進行の筋書きを導入するというやり方もあっただろう。そして同時進行する三つの筋書きのラインを、それらが交わるまで描いていく。しかしこの物語の作者はそうする代わりに、こうした二次的なキャラクターを、原因と結果の鎖が彼らをマークのストーリーラインに関わらせるときにのみ導入することを選んだのだ。

『ブロードウェイと銃弾』(94)の冒頭は、シーンが因果関係に即して継起しない場合にいかにして観客の興味を維持するかについてのひとつのテクニックを示している。物語の出発点は、劇作家のデヴィッドが自作の劇をプロデュースするために金を作る必要があるという状況だ。彼のプロデューサーのジュリアンは、名高いギャングのニック・ヴァレンティと金のために取引をかわそうとする。その条件は、ニックのガールフレンドのオリーヴが劇に出演することだ。このストーリーを『ソーシャル・ネットワーク』において使われたものと似たアプローチによって展開することも可能であっただろう。つまり、デヴィッドが自分の目的を追い求め——原因と結果の継起——、そして彼自身がヴァレンティに会って資金の提供を受けるというふうに(『ソーシャル・ネットワーク』

における ピーター・ティールのキャラクターのように）。その代わりに『ブロードウェイと銃弾』で脚本のウディ・アレンとダグラス・マグレイスは、因果論的に関係づけられていない二つの脅迫によって映画を開始することを選んだ。つまり、私たちはデヴィッドとジュリアンに出会い、デヴィッドの前提について知る。それから私たちはただちにヴァレンティとオリーヴの登場に立会い、ブロードウェイのスターになるという彼女の夢を知る。原因と結果の関係の欠如を明確にするために、**鉤《フック》の台詞**が使用されている。オープニング・シーンの最後で、ジュリアンがデヴィッドに警告する。「そこはリアルの世界だ。それにおまえが考えるよりずっと荒っぽいところだ」。映画はただちに暗い路地で犠牲者を撃ち殺す一群のギャングたちにつながれる。これらのシーンの間に因果的な結びつきはないが、共通の**モチーフ**がある。暴力だ。共通のモチーフは、たとえ因果的結びつきがないときでさえ、これらのシーンに因果的結びつきの印象を与えることに役立つ。

『桃色の店』（40）はわずかに違う野心をもち、違う解決を使っている。これは基本的にいくつものサブプロットをもつ群像劇だ。それゆえ物語は最初、店で働くさまざまなキャラクターが紹介されるときに少し入り組む。観客の注意力がさまよってしまうという問題を防ぐために（そして観客がもつかもしれない期待――たいていの映画は原因と結果を含む単線的な筋書きで始まるという期待――と戦うために）。作り手たちは、映画のオープニングショットにおいて責任放棄に帰するものを置くことを選んだ。［図5.1］

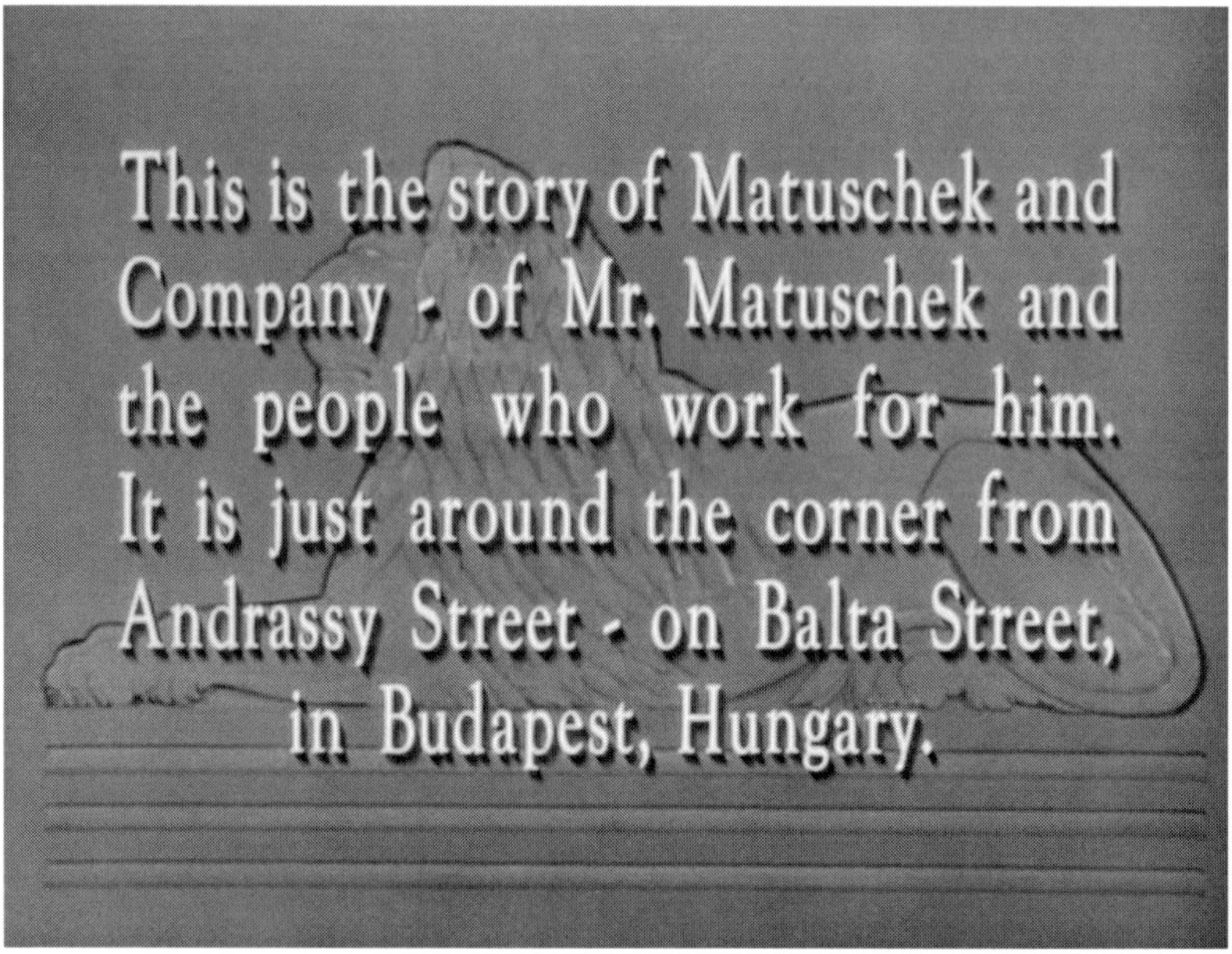

図5.1　字幕訳：**“これはマトゥチェック商店の物語であり、マトゥチェック氏と店員たちの物語だ。店はハンガリーはブタペストのアンドラシー通りを曲がってすぐのバルタ通りにある。”** 監督のエルンスト・ルビッチは『桃色の店』（40）の冒頭にこの字幕を挿入した。これはオリジナルの脚本にはない。これがあることで、映画の最初の部分で原因と結果の連鎖が欠けていても観客が混乱しないようになっている。

原因と結果を科学的に理解する

感情の中枢への大脳皮質下の強いつながりのほかにも、脳はまた因果的推論を支えるさまざまなつながりを独自に発展させてきた。人類は、他のどの種とも違い、因果的説明にこだわる。たとえばもし犬が餌のところに来たら、犬は単にそれをむさぼり食うだろう。そしてそれがどこから来たかを問うことはないだろう。おなじ状況で人間は、食べ物がそこにある原因を理解しようとするだろう。これは明らかに生命の維持という観点からすると大きな利点だ。もし原因を究明できれば、もっと手にすることができるかもしれない。栄養の豊富さは、再生産の成功の可能性の高さを意味する。

　人間が原因と結果の関係について理解し始めるのは言語によってだ。誕生以来、子供たちは目を覚ますたびに母国語の習得に勤しむ。

彼らは自分の立てるある種の音（泣き声）が、両親あるいはその他の世話をしてくれる人の反応の原因になると早い時期に学ぶ。そのような原因と結果の刺激は私たちの感情の中枢を通って前頭葉の理性野へと伝わる。［図2.3を参照］

反復を通じて脳はポジティブフィードバックの経路を打ち立て、それは直接、言語中枢を横断する。それゆえ私たちは自分の言葉と他人の行為との結びつきを理解するときに心地よいと感じる。あるいは逆に、心地よさを感じるとき、私たちは自分の言葉と他人の行為との結びつきを理解している。言語を通しての意思疎通はこのようにして「心地よいと感じる」システムの最良の活性体となる。なぜなら、脳は賢明にも、言語の理解にエンドルフィンという褒美をつけることで、私たちが是が非でも理解しようとするようにしたのだ。

この最初の原因と結果の理解から、私たちの世界理解は拡大する。脳は原始的な世界観によって機能する――すなわち、生命の維持が何よりも重要という世界観だ。それゆえ、さまざまな身体的衝動、飢え、渇き、護身、性欲、苦痛の回避といったものは、あらゆる人間を日々突き動かす基本的な原因となる。どちらかというと運良く食べ物に恵まれ、愛してくれる家族と暮らせる状況にいる人たちにとっても。狩猟採集民族であれ劇作家であれ、食べ物と住むところを求める意識的な日々の努力は一つの原因だ。そしてその結果として、人は獲物を狩ったり、夜っぴて原稿のために格闘したりする。テーブルにパンを置くためにそれがどれだけの代償を必要としようと。

このような身体レベルの原因の結果は予想可能であり、それは私たちが住まう物理的世界にも応用される。物理的な因果関係は早い段階ですぐに学習され、ほとんどすべての条件のもとで変わることなく適用される。それゆえ私たちは火を消すために水を期待し、物体は落下するが通常は空中で浮遊しないことを理解する。そして文明の進んだ国では、アスピリンが痛みを取り去ることさえも理解する。原因と結果についてのこのような身体的知識は、理解というものの基底にあるものとみなされてきたし、言語的理解についての数十年におよぶ研究が教えるところでは、人間は精神錯乱あるいはストレスの状態においてさえ身体的原因と結果から結論を引き出す[4]。私たちはこうして原因と結果というプリズムを通して世界を理解し経験する——そして物語の理解もそれとたいして変わるところがない。原因と結果の関係は本質的に一つの物語であり、時間の中で継起する一連の出来事だ。原因と結果についてのこのような理解は、すぐに私たちの世界経験のほとんどへと応用される。私たちが出会う人たちの意図を彼らのふるまいの原因として理解することや、時間的間隔と空間的距離を出来事が起こる原因および結果として理解することも含めて。

このように、原因と結果の連鎖に従う脚本と映画は、実生活において原因と結果のパターンを探そうとする人間の気質に明らかにフィットする。そして読者／観客はこのように現実に即した心的プロセスに依存してストーリーの展開をたどるだろう[5]。

「巻き戻し」による物語の構築
——原因と結果の順序に従わない『ソーシャル・ネットワーク』の例

多くの脚本は直線的でない仕方で展開する——たとえば『市民ケーン』（41）『深夜の告白』（44）『メメント』（00）『（５００）日のサマー』（09）が思い浮かぶ。『ソーシャル・ネットワーク』もそうだ。この作品は原因と結果の連鎖からなる物語全体の筋立てと、それに続いて起こる二つの

図5.2　『ソーシャル・ネットワーク』（10）は、二つの宣誓証言のシーンが断片化され、ついで映画全体の時系列に沿ったストーリーのなかに散りばめられて、因果関係による理解に挑戦する、順序に従わない映画になっている。それにもかかわらず、人間の脳は任務を遂行する。観客は映画に含まれる手がかりに基づいて因果関係による理解を構築しようとする。

告訴のあいだを往復する。問題はこうだ。もし人間が原因と結果のパターンをたどるべく運命づけられているとすれば、なぜこうした映画がヒットするのか？〔図5.2〕

答えは原因と結果によって世界を見ようとする人間の生来の傾向——そのようにして私たちは世界を解釈する——そのもののなかにある。そして理解を生み出すための手がかりを得ようとする人間の生来の傾向にある。第2章のヤーク・パンクセップを覚えているだろうか。

行動科学の研究が教えるところでは、脚本の読者は物語の文面をコード化し、蓄積し、その心的表象を構築する。こうした心的表象——因果関係、キャラクターの意図、のみならず空間的および時間的指標も——が現実世界に即しているかどうかは、理解の正確さ、あるいは記憶の正確さというかたちで確かめることができるし、あるいは文章や脚本を読む時間というかたちで確かめることもできる。もし読者が文章を行ったり来たりして何度も再読しなければばならないなら、あるいはプロデューサーがシーンを読み直さなければならないなら、読解にかかる時間の長さは理解のむずかしさを意味している。つまり、読む時間が短ければ、それだけ速やかな理解を意味する。このデータが示唆するように、現実指標を変化させる操作（たとえば時間――「その直後」、「その翌日」、「一週間後」といったように）は理解に影響し、読者は舞台となる場所の変化やキャラクターの意図の変化を期待するようになる。[6] 映画の観客もまたこうした現実に即した心的プロセスに依存してストーリーの展開をたどる。基本的に観客は与えられた手がかり（順序に従っていないように見える断片の寄せ集め）を使って原因と結果の連鎖する物語を構築する。たとえ映画あるいは脚本の中に実際にそのような連鎖が存在していないときでも。このような構築をうまく促すためには、原因と結果の連鎖を再現するために十分なだけの手がかりが与えられるまで確実に観客の興味を掻き立てておき、観客の注意をさまざまな手段（本書に数多く記述されている）によって維持しておくことだ。『ソーシャル・ネットワーク』のケースでは、映画は最初の十六分は厳密な原因と結果の連鎖をたどる。これは観客を方向づけるには十分な時間だ。

じらしの効果をもつ宙吊りの原因

ポール・ガリーノは**宙吊りの原因**（dangling cause）を脚本家が観客の興味を維持するために使うことのできる「ツール」として記述している。それはキャラクターによる意図や警告や脅しの表明、期待あるいは不安あるいは予想の表明という形での「原因」である。これらは観客を、そこから導かれる結果をたえず予測しつづける状態に置く。つまり、原因は結果が確認されるまで観客の心のなかにしばし「宙吊りになる」(Gulino 2004)。

アメリカ映画の物語叙述についての代表的な研究であるデヴィッド・ボードウェルとクリスティン・トンプソンとジャネット・スタイガーの『The Classical Hollywood Cinema: Film Style & Mode of Production to 1960（古典的ハリウッド映画：一九六〇年までの映画スタイルと製作様式）』において、それは「時間軸と因果関係の明確化のもっともベーシックな原因」と説明されている。[7] この考えがフランク・ダニエルによって先駆けられていることは、デヴィッド・ハワードの『脚本のツール』において指摘されているとおりだ。そこでハワードは「未来の成分」というフレーズを使って類似のアイディアを記述している。「予見、前兆、白日夢、確信」が「観客が物語の将来を見通すように促す[8]」。

成功した映画にはふつうこうしたものがたくさん出てくる。『世界にひとつのプレイブック』の最初のパートにおいてパットの口にする台詞のかなりのものは宙吊りの原因になっている。「ハイスクールの課題図書を読破するんだ。ママ、これはいいことなんだよ。おれは自分を作り変えるんだ」。また、「おれが何をしているかって？　体を鍛えてる。シェイプアップしてニッキにふさわしい男になる。ニッキの授業の課題図書を読んで仕事に戻るんだ」。また、「おれの考えかい？　いまわしい過去を燃やしてその光で未来を照らすんだ。それが望みだ」。

『ソーシャル・ネットワーク』において、ディヴィアはマークに言う。「きみがぼくらに小切手を書いてくれるのをきみの肩越しに眺めるのが待ちきれない」。『アラビアのロレンス』(62)においてロレンスはシェリフ・アリに言う。「あそこにアカバがある。行くしかない」。『第十七捕虜収容所』(54)においてセフトンは同房の囚人たちに言う。「おれが犯人じゃないことを知っている者が

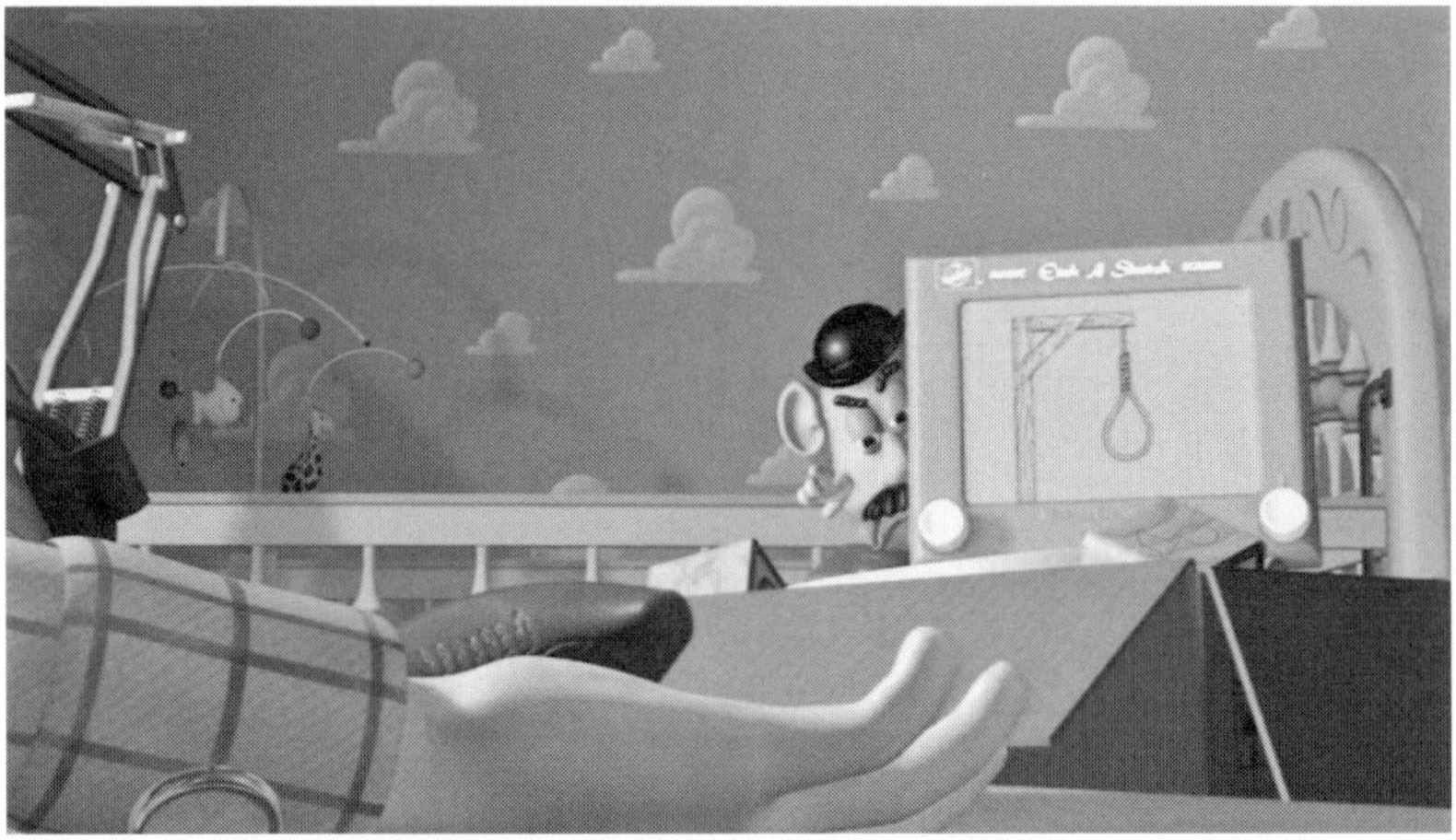

図5.3　めずらしい視覚的な**宙吊りの原因**。『トイ・ストーリー』（95）より。ほとんどの宙吊りの原因は言葉によって伝えられる。

この兵舎に二人いる。おれと真犯人とだ。そいつがおまえらのうちの誰なのか知らないが、せいぜい気をつけてろ。売られた喧嘩は買ってやる」。『桃色の店』（40）においてクラリックはピロヴィッチに言う。「この娘は僕が世界でもっとも素晴らしい男だと思い込んでいる。いまに失望することになるだろう」。『トイ・ストーリー』（95）は珍しいものを登場させている。視覚的な宙吊りの原因である。スケッチが宙吊りの投げ縄の絵を描き、ハムがそれでウッディを狙う。［図5.3］

これらの宙吊りの原因はいろいろな場面で起こる出来事によって動機づけられているが、それらは明白に観客に差し向けられ、物語の未来を予見する状態に保とうとする。

動機を科学的に理解する

心理学者たちは意図というものを**動機**と説明

している。そして動機というものは原因と結果についてのより複雑な理解を要求する。物理的な原因と結果の連鎖（水が火を消す）はすぐに理解されるが、動機あるいは計画というものは、次のような理解を要求する。すなわち、意図の表現においては一つのゴールがあらかじめ設定されており、このゴールへの一連の行為によって意図は理解される。これは物理的な原因と結果ほどわかりやすくはない。なぜならゴールへと導く可能性のある行為は一つではなく、数かぎりなくあるからだ。これが意味するのは、ゴールへと向かう、あるいはゴールから遠ざかるという観点からキャラクターが開始するひとつひとつの行為を、読者あるいは観客が評価しなければならないということだ。この認知活動は観客の関心を引きつけたままにしておくが、疲れるものだ。脳機能イメージングの研究が示すところによれば、脚本を読んで出来事あるいは行為が前述の意図あるいはゴールと一貫しているとき、脳は比較的スムーズな電気的パターンを生み出す。一貫していない行為という印象が現れるとき、鋭いネガティブな脳波（Ｎ４００）が理解のプロセスを妨害する。これは科学者たちの説明では、何かがうまくいっていない――つまりゴールの状態が危機にある――と脳が私たちに知らせる方法だ。たとえば、『世界にひとつのプレイブック』のパットにとってのゴールの状態は、別居中の妻とよりをもどせるように自分を作り変えることだ。観客の脳の中の一定した電気的パターンは、読書し、運動するパットの計画をたどる。しかしパットが校長の反応によって葛藤を味わうとき、ビビビッとＮ４００が突き刺さる。観客はこれをパットのゴールの状態への障害とみなす。

脚本を読んでいるとき、このことは読者の目が引き返し、同じところを再読する原因になる。読者は意図あるいはゴールの状態から遠ざかっている原因を探す。もし再読によっても一貫性が回復されなければ、読者は説明を求めてピッチを上げて前進する。映画が突然キャラクターの意図を破棄するとき、観客はN400脳波の不快を感じる。映画が劇場で鑑賞される場合、エラーを補う「巻き戻し」はない。それゆえ観客は一貫性を見失って方向転換を経験し、その方向転換の説明を待ち望む。たとえ映画やドラマが家庭で視聴されていても（あるいは脚本の形で読まれていても）、再生をストップして巻き戻しボタンを押すことは映画体験への没入を妨害し、そのインパクトを減らす。

この認知上のコミットメントは観客の理解の構造的側面（何の物語か？　舞台はどこか？　キャラクターは誰か？）と、観客が経験している感情の連想的要素（第1章のコーエンの制作中の物語との適正な連携モデル参照）のあいだの相互作用に関係する。これが意味するのは、読者あるいは観客は基本的に自分がキャラクターの障害についてどのように感じているかを調整し、キャラクターが最初のゴールを組み替えようとする別の行為を予見あるいはその行為を先回りして、刻々と展開する物語についての理解をアップデートしようとするということだ。

ストーリーが展開するにつれて、観客は「**制作中の物語**」を構築している。これはコーエンのモデルの「雲」の部分に相当する。一貫性を欠いた行為あるいは出来事がゴールを遠ざけるまでは、脳はスムーズに反応する。一貫性を欠いた行為あるいは出来事は観客に再吟味を強い、ボトムアップの聴覚的・視覚的情報を調べ上げてつじつまを合わせること、あるいは理解を再構築することを強いる。コーエンはこれを「制作中の物語」と呼ぶが、それは対話や視覚的設定、行動、音楽、サウンドエフェクトから情報を得ている。映画を構成するさまざまな「現実」が観客の制作中の物語のなかに集められると、そのすべてが観客の個人的な嗜好、期待、そして社会的規範を含めての世界の知識に従属させられる〔図1.2参照〕。

ＢＧＭの特性を利用した映画的なツールのある興味深い組み合わせの事例がある。キャラクターたちが抱き合うような場面では、観客は見事なオーケストレーションを聴かせるストリングスの音の高まりに感情的に反応する。これは視覚的場面とマッチした感情だ。しかし観客は、キャラクターには音楽が聞こえていないことをなんとなく知っている。つまり、キャラクターの「現実」の世界は、音楽が観客に味わわせる連想による感情の高まりとは無縁であると知っている。観客の感情的な絆を逆手にとる見事な例が『ブレージングサドル』（74）に見られる。保安官がビッグバンドの「パリの四月」をＢＧＭに馬で砂漠を横切る。それはストーリーラインとマッチしており、観客は場面と音楽が連想によって結びつけられたものだと仮定している（すなわち、保安官にはビッグバンドの演奏は聞こえていない）が、予期せぬことに保安官はカウント・ベイシーとその楽団とすれ違う。楽団は砂漠でライブ演奏をしているのだ。映画の観客は音楽が――演奏場面が直接登場しない場合――二次的な情報であり、感情的な反応を高めるためのツールであることを期待している。このことを知っていれば、うまくＮ４００による一貫性の破壊を克服することができる[9]（たとえば第1章の「スキーマの破壊」参照）。

時間軸を前後したり横断したりする時間経過は、経験を積んだ観客であれば視覚的に記号化することができ、ただちに理解できる。しかし、観客が心の中に作り上げる表象を考慮しない映画は――もし時間がジャンプすれば、それにつれて舞台となる場所も移動し、キャラクターの意図も変わっていると期待されるから――観客を混乱したＮ４００脳波のカオスのなかに見失いかねない。ふたたびコーエンのモデルをみてほしい。ボトムアップの感覚的情報のチャンネルはすべて構造と意味と結びついて観客の制作中の物語に寄与する。そして制作中の物語は、人生についての観客のトップダウンの知識によって影響を受け、その結果、もし時間が変化したのなら、登場人物と場所と状況も変化しているはずだと期待させる。

　脳のプロセスを脚本家が適切に使うには、観客が下意識的な視点からキャラクターについての情報を求めていることを受け入れることだ。人間の本性は因果的説明を求めるものだが、この本性は生得的なものではない。現実世界における経験が観客の感情的反応と期待を形成することに重要な役割を果たすからだ。脚本家に覚えておいてほしいのは、因果的な説明を探そうとする期待こそ、観客がいわゆる鉤《フック》の問いを作り出す理由であるということだ。「彼女はこの窮状から脱出するのか？　彼女は○○するのか？」など。言い換えれば、ボトムアップの視覚的・聴覚的情報の流れは、文字どおり感情に包み込まれていて、観客は意識していないかもしれないが、その感情こそがボトムアップの情報の流れから導き出される問題、注意、関心を方向づけ、予見するのだ。

この章で学んだこと

- 深く根づいた**常識**――実際は、人間の脳の機能の生得的な傾向――としての**因果的推論**は、腕の立つ脚本家の道具箱の中でもっとも見逃されているものかもしれない。**視床**、すなわちあらゆる感覚的な情報のための大脳皮質下の深いところにある中継局は、最低限度の生き残りをゴールとする。そして生き残りは、人間の基本的な必要性を満たせるかどうかにかかっている。食べるもの、雨露をしのぐ場所などだ。必要性が満たされるとき、私たちは心地よく感じ、また、心地よく感じることはゴールが達成されたことと不可分の関係にある。

- それゆえ、キャラクターのゴールを設定し、そうしたゴールを達成することへの努力あるいは障害を提示する脚本家は、**結果の説明となる原因を探す**基本的な人間の心のパターンがよくわかっているのだ。
- 人間の心の実際のあり方に即したこのようなパターンはいくつかの傑出した映画の成功の原因となっているが、時系列に沿って物語が進行しない作品――未来で始まって現在につながる、あるいは過去で始まって現在へとつながるような作品――は、観客を原因と結果についての納得できる説明を構築することへと誘い込む。
- **宙吊りの原因**は、因果関係への人間のこだわりを利用することによって予見を作り出す。もしキャラクターがみずからの欲望や目標に言及すれば、あるいはまだ起こってもいない出来事を暗示すれば、観客はこれから起こるであろうその出来事を虎視眈々と待ち受けることになるだろう。

脚本検診――原因と結果

原因と結果の連鎖について知っておくと、脚本のアウトラインを作ったりアイディアを練ったりする段階――隠れたストーリーを仕掛ける段階――でとても役立つ。このタスクでは、「ビートシート」〔シーンの劇的な構造におけるアクション／反応＝「ビート」を箇条書きにしたもの〕あるいは「段階的アウトライン」の使用が役立つ。これはこれから書く映画のシーンの単純なリストからなる。もちろん作業仮説的な性格のものだ――あなたが書こうとしているストーリーの全体像を描いてみる最初の試みだ。

ビートシートを書くとき、よく見直して、ビートのすべて、あるいはほとんどが（単に出来事の寄せ集めであるのではなく）因果論的につながっているかどうかをチェックしてほしい。もしいくつかのビートとビートのあいだに因果関係が欠如していれば、そのビートを練り直してみる価値がおそらくある。特に、メインキャラクターの動機を見直し、キャラクターがその動機のためにもろもろのタスクを引き受けているかどうかをチェックしてほしい。もしそうなっていなければ、キャラクターの土台の設定に不具合がないかよく調べ、ゴールに向かわせよう。

知覚の実習――より近い原因をより大きく

サイズと距離はボトムアップ対トップダウンの情報の流れの見事なコンビネーションの産物だ。第1章で見たように、『トップ・シークレット』を見れば、この世界における物体のサイズについて私たちがあらかじめもっている知識がどのようなものであるかがわかる。私たちはまた、より遠くにある物体は距離のせいでより小さく見えることを「知っている」。**サイズの恒常性**として言及される観念だ。

そこで以下のことをためしてほしい（家でするぶんには無害だが、もし運転中にするのなら自分の車の中ですること！）。

それぞれの手の指先の間に二十五セント硬貨を挟み、あなたの方にコインの表面を向けてほしい。

左手を近くにし、三十センチ離したところに固定し、右手を十分に広げた腕の長さだけ遠ざけてほしい。両目を開けたまま、二つのコインを観察してほしい。このとき、ふつうの二十五セント硬貨のサイズで、二つとも同じ大きさに見えるだろう。ここで片目を閉じてほしい。コインを同じ位置でつかんだまま、ただしコインがほとんどくっついて見えるようにして。腕の長さの先にあるコインに何が起こったのか？　実際に縮みでもしたのか？

あなたの知覚はコインのサイズが変わっていないとわかっていても、遠くにある方のコインが小さく見えることを、片方の目のみであなたに教えなければならないのだ！　私たちの知覚のなかでサイズと距離の関係は、必要に応じて事実を曲げる。

原注

（１）Aristotle, *The Poetics.* Trans. S. H. Butcher (New York: Macmillan, 1902), p. 31.〔アリストテレス『詩学』（藤沢令夫訳、『世界の名著8　アリストテレス』中央公論社、１９７９年）、２９７頁〕

（２）Gustav Freytag, *The Technique of the Drama: An Exposition of Dramatic Composition and Art*, trans. E. J. MacEwan (Chicago, IL: Scott, Foresman, 1990), p. 29.

（３）デヴィッド・ボードウェルは*Narration in the Fiction Film*において以下のように指摘している。「ある研究者が発見したことだが、理解と記憶は、ストーリーが〝ゴールに向かう衝動〟のパターンに一致するとき最良である。ゴールが物語の最後で言及されると、理解と想起はずっと少ないが、アクションのゴールがまったく言及されないときほど少なくはない」。David Bordwell, *Narration in the Fiction Film* (Madison: University of Wisconsin Press, 2007/ 1985), p. 35.

（４）A. Graesser, M. Singer, and T. Trabasso, "Constructing Inference during Narrative text Comprehension." *Psychological review*, 101 (1994): 371–395.

(5) D. N. Rapp and R. Gerrig, "Readers' Reality-Driven and Plot-Driven Analysis in Narrative Comprehension", *Memory & Cognition*, 20(5) (2002):779–788.

(6) Rapp and Gerrig, "Readers' Reality-Driven and Plot-Driven Analysis in Narrative Comprehension", 779–788.

(7) David Bordwell, Kristin Thompson, and Janet Staiger, *The Classical Hollywood Cinema: Film Style & Mode of Production to 1960* (New York: Colombia University Press, 1985), pp. 19–20.

(8) David Howard and Edward Mabley, *The Tools of Screenwriting* (New York: St. Martin's Griffin, 1995), p. 75.

(9) Cohen, A. J., "Film Music and the Unfolding Narrative". In *Language, Music and the Brain*, edited by M. A. Arbib, pp. 173–201. (Cambridge, MA: MIT Press, 2013).

第6章

共同注意の科学

あるいは、もし木が森の中で倒れる脚本を書けば、読者は途中で眠ってしまう。これで脚本を書いたことになるのだろうか?

あなたの脚本あるいは映画が、インパクトのあるヴィジュアルと洗練された台詞と魅力的で奥行きのあるキャラクターをそなえていたとしても、もしなんらかの理由で読者あるいは観客がそっぽを向いてしまえば、そこに発揮されたどんな名人芸も無駄になる。つまり、読者あるいは観客は注意を払わなければならない。フランク・ダニエルが脚本家について述べたように、「私たちはコミュニケーション産業の中にいる。コミュニケーションとは何かを言うことではなく、理解してもらうことだ」。

注意は値段のついた唯一の認知的プロセスだ。私たちは注意を払う。記憶や推論や言語的プロセスに対しては、支払うことはない——しかし脳についての言説において脳は商品として扱われている。心理学者たちは何十年にもわたって、注意を払うことは心的資金を必要とすると証明してきた。誰もが実生活上で、注意に要求される代価が高すぎる経験をしたことがある。飽きてしまうか困惑してしまう状況だ。そうした状況では、注意は高くつき、限りのある心的能力であるにすぎない。

注意というものは正確には何なのか？

ウィリアム・ジェームズはアメリカの心理学の「創始者」とみなされているが、だいたい次のようなことを述べた。世界のうち選別された少数のものへ注意を向ける心の性質は、直接視線に結びついていると。「何百万というもの〔……〕が私の感覚に差し出される。それらは私の経験にけっしてすべて入ってくるのではない。なぜか？　なぜならそれらは私にとって関心がないからだ。私の経験とは、私が注意を払うことに同意するもののことだ。〔……〕注意がなんであるかは誰でも知っている。それは心による所有だ。同時に所有することが可能と思われるいくつかの物体あるいは思考のうちから一つのものだけを、明晰で生き生きした形で所有することだ。〔……〕それは実際に他のものと取り替えるためにいくつかのものをとり下げることを暗示する[1]」。

注意はこのようにフィルター化の一形態だ。ほとんどの刺激を止め、価値のあるもの、あるいは興味のあるものにだけ焦点を当てるためのもの。

注意を科学的に理解する

参照可能な情報の一部分だけを選別して参照するとき、私たちはその他のすべての情報を削除することで〔脳が〕疲れ切ってしまうことを免れている。それゆえ、こう考えることができる。観客の認知活動を疲弊させるのを避ける最良の方法は、単一の刺激を与え、いっさいの脱線を排除して、本質的な価値のない刺激の削除を成し遂げられるようにすることだと。

しかし、その逆が真実なのだ。分割された注意と選別された注意の違いについての初歩的な研究、および視覚器官の理解に基づくいくつかの実験が明らかにしているように、この貴重な商品はほぼ完全に制御可能だ。分割された注意——つまり同時に一つ以上のことをすること——は、日常生活においてほとんどつねに起こっている。私たちは車を運転しながら乗客と会話し、交通を制御し、法律を守り、目的地を覚えておき、車の速度と位置どりに細かい訂正をほどこしている。このような見かけ上、「散漫な」運転は交通事故を引き起こしやすいと直感的に思う人がいるかもしれない。しかし、注意の失敗は注意への必要がまったくないときにこそ起こるのだ。長く単調に伸びた道路で、一人で物思いにふけっているときに、運転手はうとうとしたり白昼夢を見たりする。友人を店に送ったり学校に子供を迎えにいくときではない。ここで二つの興味深い事実が明らかになる。マルチタスク処理は関心、ひいては注意を保持するということ。そして複数の認知活動に関わることは、同時に私たちの注意を活発な状態にとどめるということだ。

正確には、いかにして視覚器官は刺激に対して注意を向けるのだろうか？　眼はたえず動いている。頭部はふつう視線をたどり、眼や頭部といった運動性の反応の源泉は、ほとんど反射的にはたらく。視線は特定の刺激に目を方向づける意図をもつ。桿体細胞を覚えているだろうか？　網膜状のほぼ全体に分布し、弱い光を検知するニューロンの受容体だ（第3章）。桿体細胞は縁に特化している（水平あるいは垂直方向が好まれる）。縁は何かが、百八十度の視野のどこかで動くときに作り出される。一方、錐体細胞は少数で網膜の中心部付近に集中し〔物体の〕細部を拾い上げる。私たちが周囲の視野から動きを「見分ける」とき、頭部をめぐらし、眼が特定のものにフォーカスを合わせられるようにする。それゆえ動きの三つの源泉——目、頭部、世界内の動く物体——は、疑いもなく、注意の向けられるべき最たるものだ。[2]

映画において、映像そのものの動き、場面に登場する俳優の動き、物体の動きは、すべて観客の眼の動きに変化を及ぼす。固視、すなわち観客の目が一つの物体にフォーカスを合わせるべく静止したままの状態や、サッケード運動、すなわち観客の目がスクリーンを横切って実際に動いている状態のいずれにも。こうした現象は観客が動く映像を見ているときに集合的な「共同注意」を作り出す。オーバリン大学教授キャサリン・J・トムソン＝ジョーンズの説によると、観客は動きを想像すると同時に動きの幻影を知覚している。[3] 映画は一連の静止画像が連続した動きのような印象を与えるように高速で提示される装置だが、トムソン＝ジョーンズはそれをこのように説明する。観客は二つの非物質的な状態を同時に処理している。運動の印象（複数の映像の素早い提示によって生み出される）と動きのない映像の印象だ。知識の豊富な脚本家は、脚本の段階で両者を組み合わせて、静止したショットと動きのあるショットの対立をいろいろなレベルで取り入れることで、それを利用して注意を保持する観客の潜在能力を最大限に引き出すことができるだろう。

誰がどこを見ているか

ある心理学の実験で、次のような画像を幼児に見せた。キャラクターがゴール（たとえば、丘の上）に到達しようとしており、その間、別のキャラクターが手を引っ張ってゴールを目指すキャラクターを助けるか、下に突き落とそうと体を押して邪魔している。この研究が示すところでは、もっとも年少の幼児さえ、キャラクターがゴールを見上げてたどりつこうとしているとき、助ける人の方を好む。他人がゴールの状態を意図していることを推論する人間の能力は、道徳性の基盤でさえあるかもしれない[4]。他人とアイコンタクトを交わすとき、私たちは彼らの言葉により多くの注意を払い、いつ応答を期待されているかを予想する。他人の視線をたどることは、人間が誰かのふるまいを予想するために発達させた重要な適応能力であり、虹彩と強膜と肌の色が際立って鮮やかなコントラストをなしていることの進化上の動機でさえあったかもしれない。肌の色が遠く離れた視線を検知することを可能にするのだ（Tomasello et al. 2007）。図6.1は、映画における共同注意の例を示している——注意の対象は画面外にあるが、私たちはそれを文脈から、および画面に映っている人たちの視線から推測できる。

それゆえ、共同注意は操作可能だ。キャラクターがどこに、いつ視線を向けるかという動きを演出することによってだ。キャラクターの視線を見る観客は、キャラクターのゴールの状態あるいは意図に強く興味を惹かれる。この手段によって、共同注意は共同感情となり、観客は釣針《フック》に引っかかる。共同感情は「情報の交換、あるいは同じないしは類似した構造の意図を共有しているという感情によって、共同作業を容易にする」と定義されている[5]。共同感情の厳密な定義については議論があるのに対し、次のことは誰も問うことがない。私たちが、観察する人の感情的な動機を理解することに基づいてその人に共感したり反発したりできるのは、他人の表情のおかげだということだ。

図6.1　アルフレッド・ヒッチコックの『見知らぬ乗客』（51）に表現された共同注意。画面中のキャラクターたちはテニスの試合中、ボールを目で追っている。対象の動きが、彼らが首を左右に振って対象に錐体細胞をフォーカスさせるようにする。一方、観客の目は中央の人物に引きつけられる。それは動いていない。そして動いていない人の存在が物語を前に進ませる。構図および、この人物が動かないことと他の全員が動いていることとのコントラストは、重要でない情報をフィルターにかける助けとなる。

いかにして映画監督は注意を操作するか

映画監督は物語映画の初期から、注意の問題、およびどうすれば観客がストーリーの重要な要素にフォーカスを合わせるかという問題に本能的に取り組んできた。図6.2、6.3、6.4は、一九二〇年代から二〇一〇年代までに使われた同じような戦略を示している。これらの事例においては、バラエティに富んだ視覚的刺激が与えられており、カメラと編集によって生み出される動きが、監督が無視してほしいと思う情報を観客がフィルターにかけてふるい落とす助けになっている。これらは極端な例だが、構図と動きの使用は、映画の上映中、監督がこの務めを必要に応じて実現する助けになる。

脚本家本人が構図やキャラクターの動きといった問題に直接関わることは比較的少

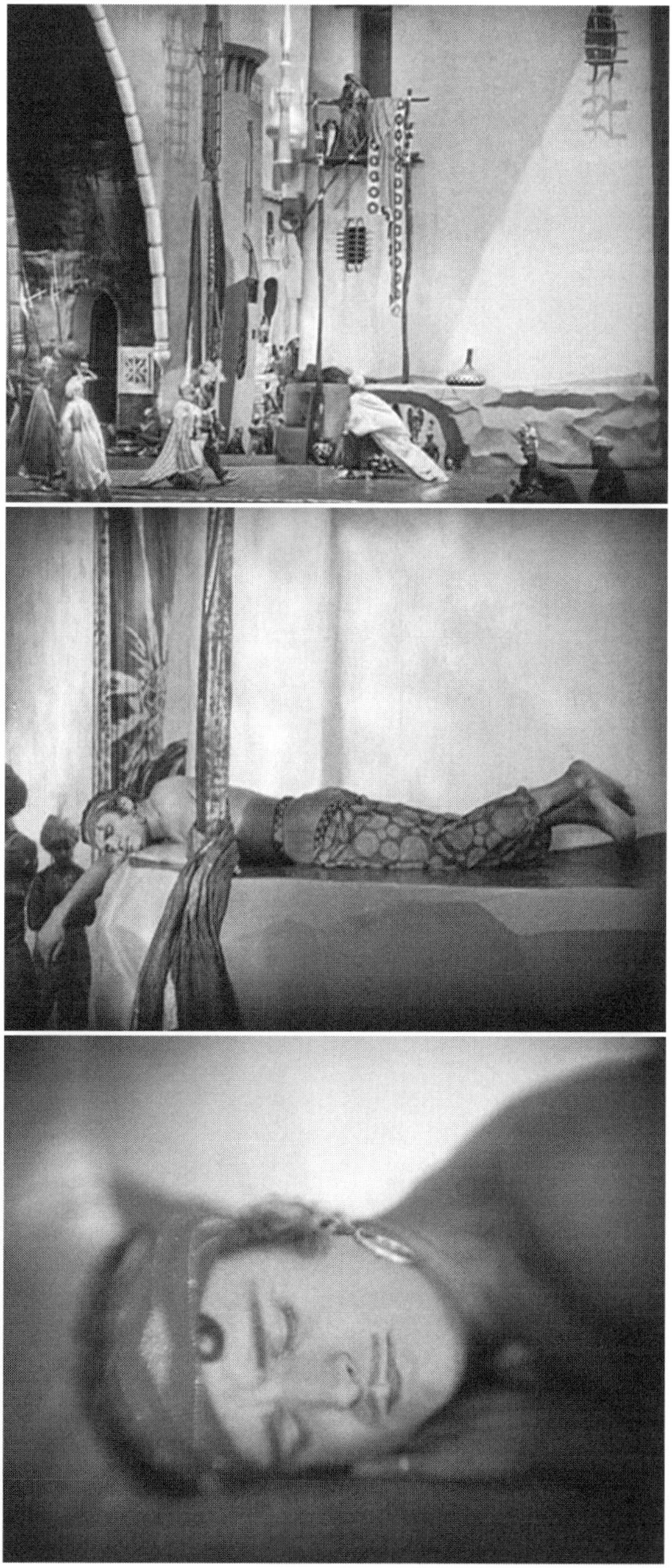

図6.2 『バグダッドの盗賊』（1922）は、人通りの多い公共の広場を映し出すロングショットではじまる。そこには多くの人と物体が見られ、多くの活動が行われている――刺激に事欠かないシーンだ。すぐに映像は一人の人物の寄ったショットに切り替わる。彼はそこにいるが、たくさんの刺激に隠れてほとんど気づかれない――彼はタイトルロール（表題役）であり、メインキャラクターでもある。つづけてクロースアップによって顔だけが強調される。構図と編集はこのようにして刺激にみちた環境と余計な刺激をともどもフィルターにかけることに役立つ。

図6.3　『アラビアのロレンス』（62）より。このシーンの冒頭のショットの中央右にいるロレンスの姿はほとんど見えないが、すぐに雑多なものの中から浮かび上がる。カメラのおかげで余計な刺激をフィルターにかけることができる。カメラはロレンスに注意を向け、ロレンスがクラブの幹事のところに呼ばれるまで、ロレンスの動きをたどる。三種類の動きがすべてこのシーンに登場する。すなわち、カメラと対象と眼の動きだ（ロレンスの姿を認めた瞬間、観客の眼は映像全体を見渡すことからロレンスにフォーカスを当てることに移る）。

図6.4　極端に豊かな――視覚的および聴覚的――刺激のカオス的なシーン。『ソーシャル・ネットワーク』（10）より。カメラの動きはすばやくフィルタリングをほどこしてメインキャラクターたちを孤立させる。

ない。しかし事実上、脚本家は言葉によってこうした視覚的要素を指示することができる。たとえば、脚本家のアーロン・ソーキンは図6.4に示した場面の描写を次のように書いた。

ある超ヒップなサンフランシスコのナイトクラブ。百年前に建てられた劇場が二十一世紀のシリコンヴァレーのロックスターたちのためのホットスポットに改築されている。下の階は巨大なダンスフロアで、二十人ほどの人たちが汗だくでハウスミュージックの轟音に体を揺らしている。高くなった区域があり、そこでは肌もあらわな衣装のプロのダンサーたちがノンストップで踊っている。巨大な照明配電網が天井から覆い被さり、カラフルなライトとレーザーをいたるところに投げかけている。天井からはまた二つのブランコが垂れ下がり、二人のパフォーマーが体を揺らしひねっている。

階段が二階部分へとつづいており、そこはＶＩＰのテーブルが並び、ダンスフロアを一望する。ひとつひとつのＶＩＰエリアはカウチが向かい合い、テーブルはウォツカ、テキーラ、ラム、ミキサー、氷、グラスのボトルでいっぱいで、おつきのウェイトレスが愛想よくあなたのためにかがみこんでドリンクを注いでくれる。

そしてそこで私たちはマークとショーンの姿をようやく目にする。ショーンの隣に座っているのは「美女」で、彼の背後には別の人が立っており、カウチにもたれている。(6)

似たようなやり方で、この五十年前、脚本家ロバート・ボルトとマイケル・ウィルソンは図6.3に相当するこのような記述をした。

ロングショット。下っ端の将校たちのクラブは広々したスペースで、細長く、天井が高く、換気がゆきとどき、かつて施されていた装飾が今はとりはらわれているとはいえ、まっさらに清潔で整然としている。一方の壁はガラス戸で、中庭に面している。床は漂白したマットで覆われている。壁には昔の戦争の一コマや今は亡き将軍たちや現存の王族を描いた鉄製のレリーフ。同じデザインのおびただしい数の揺り椅子がシンメトリックな四つの小さな丸テーブルの周りに配され、テーブルには漂白されていないリネンがかけられている。前景にバーとビリヤード台がある。ファンが回っている。バーには二、三人の将校たち。一人ないし二人の別の人物がテーブルに腰掛けている。二人はスヌーカー〔ビリヤードの競技の一種〕の準備をしている。それ以外は誰もいない。彼らの声は楽しげで抑えられている。ロレンスが背景に現れ、クラブを横切りガラスのスクリーンの間を歩く。幹事（ギボン）がビリヤード台でキューにチョークを塗る。彼は陸軍大尉であり、サーカスの座長のような勇ましい口ひげをたくわえている。もう一人の将校も陸軍大尉であり、赤い服の下に逆三角形の上半身を誇っている。そのとき幹事がロレンスを見て眉をひそめ、驚いて、一瞬ためらってから呼ぶ。(7)

いずれの事例においても脚本家たちは言葉によって光景を描写している。読者は場面の最後で

図6.5　アンディ・ウォーホルの『エンパイア』(64)のあるショット──夕暮れから早朝まで8時間にわたってエンパイア・ステート・ビルが映し出される。眠りを誘うことには役立つが、見て楽しいというわけではない。

映像の中の目立ったキャラクターを発見する。このようにして私たちがストーリーラインに関係の薄いものをフィルターによって濾すことを助けている。

これらの事例が示すのは、いかにして映画監督は、さまざまな手段を使って本質的でない刺激をフィルターにかけ、読者／観客が目立つ要素（いずれの事例においても、それはメインキャラクターだ）にフォーカスをあてるのを助けるかだ。これと反対の極端な事例──単一のフォーカス、どんな本質的でない刺激も濾されない──が、図6.5のアンディ・ウォーホルの『エンパイア』（64）だ。この特異な実験はその後の映画史でくりかえされていない。

ストーリーはより具体的には脚本家の領分であり、ストーリーの観点から観客の注意を保持するために、すでに論じたさまざまなツールを組み合わせて使うことが必要だ。好奇心を醸成すること（第1章および第4章）、メインキャラクターとの絆（第2章）、コントラストの使用（第3章）、原因と結果を軸に物語を組み立てること（第5章）——観客が物語の中でもっとも目立つ、あるいはもっとも重要な要素に注目するように、ヴィジュアル的に豊かな場面を作り出すことはもちろんだ。

一本の映画を鑑賞する際、注意を維持することのコストを観客がもっとも実感するのは、映画が始まってすぐの時間帯——状況説明（ストーリーを理解するために観客に必要となる背景的な情報。第4章を参照）——というもっとも情報量の多いパートにおいてだ。選別的な注意、つまり一つの活動にフォーカスを合わせ続けるために無関係な情報を無視することは、莫大な認知的エネルギーを要求し、比較的短い時間しか維持できない。

記憶の役割

注意は明らかに記憶に結びついている。私たちは記憶するために注意を払う。そして脚本家は読者あるいは観客に、彼らが自分の制作中の物語をアップデートすることができるようなかたちで記憶を形成することを望む（第1章「制作中の物語との適正な連携モデル」の中央のセクション）。研究が示すところでは、別々の種類の記憶は注意に費やす違った量の時間を要求する。**感覚的記憶**は極端に短く、私たちが集中して注意を向けないかぎり何千分の一秒だ。それゆえあなたが映画館で駐車するさいの隣の車の色は記憶されない可能性が高い。色は重要ではなく、どこに停めたかを覚えておくことが重要だからだ。それゆえあとで車をうまく見つけられるように駐車場や駐車ナンバーのメモを頭の中で作る。しかしあなたはその隣に駐車した車を確かに見た。それはその車の色を**コード化する**心的努力に値しなかっただけだ。**作動記憶**（working memory）は、かつて短期的記憶と呼ばれていた。なぜならそれもまた比較的短く、処理されるあるいは加工される情報が進行中の理解のプロセスに結びついていないかぎり、0・5秒かそこらだからだ。もし制作中の記憶における情報が次に来るものの理解に十分に重要あるいは不可欠であれば、私たちはその情報をコード化して長期記憶――あるいは一般的な知識という術語で呼ばれているもの――にする。そして記憶のこの段階ではじめて情報は貯蔵され始める。

　車の特殊な細部の比較についての記事を読むことと、ハーラン・コーベン〔アメリカの推理作家（一九六二－）〕の新刊小説を読むことを比べてみよう。最高の車の情報を知るという動機が優先されるだろう。車を買うことは費用のかかる重要な用事であり、影響はあとまでずっと続くので、私たちは正しい買い方をするために注意を払いたいからだ。しかし、たった数分で、私たちは読了したばかりの車の細部の比較についての文章や段落を再読しなければならないことに気づく（「インフォダンプ」についての第4章の議論を参照）。推理小説に関するコーベンの名人芸は読者を早く先へと進ませる。現実世界への影響はまったくなしに完全に小説に没頭してページをめくらせる。なぜだろう？　もし単純に適切に情報を手に入れるという動機によるのであれば、「コンシューマー・レポート」〔非営利の消費者団体が発行するアメリカの雑誌〕はベストセラーの筆頭に躍り出るだろう。

　コーベンは私たちが事実や数字にしがみつくことを要求しない。場所や日付にさえ。出来事のハイペースな展開、キャラクターの相関関係、巧みな筋運びのおかげで私たち読者の注意力をいともたやすく分散させるのだ。脳の中間を走るアーク状のラインである**帯状回**は、フォーカスされた注意をなんとかしてやわらげようとする。ストーリーは、感覚的記憶を通して——活字が読者の目の前を流れていくにつれて——入ってきて、情報は作動記憶の中に入り、すばやく読者の知識全体に結びつくことで貯蔵され（物語の展開のどの地点においても検索と相互参照に利用可能になる）、かくして読者の制作中の物語の一部となる。

脚本家にとって、これは観客の視覚的フォーカスを意のままにし、方向づけるという玩具箱を開けることだ。

短編映画の難題

観客の注意という高い代価を要求する映画の形態は短編映画だ。短編——五分から三十五分くらいの長さ——は世界中の映画学校の標準的な制作課題となっている。そもそも短編映画はアルカイックなフォーマットだ。最初は、あらゆる映画が短編だった。一八九〇年代から一九一〇年代まで、メインのプログラムである短編映画——数分から八分ないし十分の長さ——が映画の主流だった。しかし一九一〇年代に、ハリウッドの映画制作は二つの方向に分化した。長編映画と連続活劇（私たちがこんにち「シリーズもの」と呼んでいるもの）だ。この二つの形式は百年後の今もスタンダードなままだ。

こんにちインターネットでアクセスできる配信サービスによって短編映画がふたたび流行すると考える人がいるかもしれないが、実際にはそうではない。長編映画とシリーズものはインターネット上でも主流だ。映画の時間的フォーマットにはたくさんの可能性がありうるのに、なぜ一九一〇年代のハリウッドモデルが残り、短編映画は残らなかったのか？

ひとつの手がかりは、映画の最初のパートにおける状況説明によって要求される注意の相対的な代価の大きさにある。作品全編から受け取る感情的報酬と比較しての話だ。百二十分の長編映画においては、最初の三十分かそこら――「第一幕」あるいは「セットアップ」に相当する――は、もっとも認知上の要求が多い。なぜなら観客は物語の「誰が」「何を」「いつ」「どこで」「なぜ」を吸収するために注意を払わなければならないからだ。しかしエネルギーをひとたび費やせば、映画の残り――全体の四分の三――は比較的少ない認知上の要求で、可能なかぎりの感情的な報酬を受け取るがままだ。たとえば、『ハングオーバー！ 消えた花ムコと史上最悪の二日酔い』（09）では、キャラクターが誰か、彼らの関係はどうか、彼らの生活で何が起こっているのか、なぜ彼らはラスベガスにいるのかを知ることにひとたびエネルギーを費やし、彼らがパーティーの翌朝目覚めて一連の謎――それらのいずれも花婿にふさわしくない――に立ち向かう状況にいることを確認する。すると、私たちは映画の残りの部分で、それ以上の認知上の要求を課せられることなく、結果として得られる感情的な報酬を楽しむことができる。

これと対照的に、ある映画祭に参加して短編映画の特集を見る人は、いかにその経験が疲れるかがわかる。短編映画の観客はその晩を通してくりかえし状況説明のための認知上の要求に耐えなければならない。感情的な報酬は比較的少ない。まさにその性質――短いということ――によって、短編映画は長編と張り合うことがけっしてできない。感情的なエネルギーの投資に対するこのように乏しいリターンゆえに。

テレビの連続ドラマについては、感情的な報酬を得るのに費やされる時間に対して、状況説明に費やされる時間の比率がより不釣り合いでさえある。ひとたび私たちが『となりのサインフェルド』（89－98）のジェリー、エレイン、ジョージ、クレイマーと彼らのおおまかな境遇を知ることができると、シリーズは私たちに課されるわずかな認知的な要求によってほぼ十年も続くことができる。

ヴァーチャル・リアリティの難題

観客は本質的でない刺激をフィルターにかけて選別している。映画監督というのはもともと、観客の選別を補佐し、自由にコントロールする力を持っている。なぜなら映画監督はカメラがとらえるものをコントロールしているからだ。これは現在出現しつつあるヴァーチャル・リアリティという形にはあてはまらない。没入の経験はゲームの領域で大きな利点をもつ。なぜならそれは見る者によるアクション――メディウム（媒体）とのインタラクション――の、より大きなコントロールを可能にするからだ。一方、伝統的なストーリーは、ヴァーチャル・リアリティにくらべ、観客が実際に見ているものに対して、クリエイターがコントロールできることははるかに少ない。それが伝統的なストーリーのむずかしさである。観客は、目を動かすことに加え、頭部をまわすことができる。重大な物語上の情報――たとえば、あるキャラクターがナイフを隠し持っている、あるいはひそかにドアに鍵をかけずに置く――は、情報が明らかにされる瞬間に観客がたまたま別の方を向いていた場合、見逃される可能性がある。

伝統的な形式のストーリーを作ることに関心のある映画監督は、舞台――映画におけるほど作り手が観客の注意をコントロールできない――の技法を応用する必要があるかもしれない。また、映画と演劇が共有するもう一つの技法は、重要な物語の情報をくりかえすことだ。「要約シーン」〔それまでの物語の経過を要約し、観客に対し次に起こる出来事への心の準備をさせることに役立つ場面や台詞〕みたいに。

この章で学んだこと

- 値札のついた認知的財源である**注意**は、**選別**されたり**分割**されることが可能であり、優秀な脚本家は観客がたくさんの注意を同時にしか払えないことを理解している。注意散漫な運転は事故を引き起こす可能性があるが、もっと悪いのは長い一本道だ——観客は物語の進行にとって重要なものに**フォーカス**を当て、そうでないものを**フィルターにかける**ことができなければならない。
- **眼の動き**はほとんどの場合、非意志的だ。桿体細胞はほんの少しの動きの気配にも反応し、私たちが頭部を動かす原因になる。錐体細胞に**フォーカス**を合わせるためだ。こちらははっきりした細かい情報に反応する。それゆえ私たちは動きの源泉をつきとめられる。このように動きには三つの源泉がある。目、頭部、そして前を通り過ぎる現実世界の物体——『スター・ウォーズ』の小型宇宙船のような。そういうわけで、**動き**はもっとも注意をとらえやすい。脚本を書くとき、動きのあるショットと動きのないショットとを交替させる、あるいは混ぜ合わせるようにするのがよい。
- **他人の眼の動き**も注意を方向づける。もし俳優が何か、あるいは誰か、あるいは舞台の外を見つめれば、観客もその対象あるいは方向に注意を向けるだろう。虹彩と白目は進化の過程で対照をなすようになり、私たちは他人の見ているものに注意を向けられるようになった。映画における**共同注意**は、キャラクターの視線によって容易にコントロールされる。

脚本検診——注意をリセット

あなたが書いた脚本を読んでいる途中で注意してほしいのは、脚本がどこで行き詰まっているか、あるいはどこにあなたの注意が逸れてしまっているかだ。もし書いた脚本を他人に読ませるのであれば、その人がこの脚本のどこで行き詰まり、注意が逸れてしまっているかに注意しなければならない。注意を払うことは多大な努力を要する活動であるから、場面がどれだけ長いかをチェックしてほしい。一つのシーンはおよそ三分間——脚本では三ページ——つづく傾向がある。映画あるいは脚本が別の舞台に切り替わるまで、あるいはシチュエーションの変化——新たなキャラクターが登場するなど——が起こるまで。こうした変化は脳がリフレッシュし、リセットし、あらたに注意を払うことができるようにする。もし書いたシーンが長すぎるか、シーンの内容がもたつきすぎるなら、ばらばらにするかカットすることを考えるのがよい。

知覚の実習——共同注意は話者のことをどれほど知っているかに依存する

人は同じ言葉を実にさまざまな言い方で口にする——しかしふつう、言われていることは誰でも理解できる。聴覚的な信号の偏差の大きさは、理解したいという衝動によって克服される。それゆえ不明瞭な発話やいいかげんな発音も、不完全な情報にもかかわらず「理解」される。
以下のことを親しい友人に、そのあとでスーパーマーケットの店員に試してほしい。

次のように言ってほしい。「This was a best guy.（あいつは最高の男だった）」「Did you go to the store?（店に行ったかい?）」「What are you doing?（何してるの?）」

友人に話しているときのあなたの舌に注意してほしい。あなたは「best guy（ベスト　ガイ）」と言っただろうか?　もしくは「bes guy（ベス　ガイ）」と言っただろうか?　「did（ディッド）」と「you（ユー）」のあいだの間隔は、よく知らない店員であってもはっきり聞き取れるようにいつもより長く置いただろうか。「did you（ディッド　ユー）」はよく、友人どうしの会話では「dijoo（ディジュー）」になる。発話の分析が証明するところでは、私たちは知らない人どうしの間でははっきり話すよう心がける——デキる脚本家は台詞を書きながらキャラクター間の関係と親密さの度合いを考慮に入れている。(Kellogg 2013)

原注

（1）William James, "Principles of Psychology". In *Sensation and Perception*, ed. E. B. Goldstein, p. 135. (Belmont, CA: Wardsworth, Cengage Learning, 1890/1981)

（2）Richard L. Gregory, *Eye and the Brain: The Psychology of Seeing*. 5th ed. (Oxford: Oxford University Press, 1997).〔リチャード・L・グレゴリー『脳と視覚——グレゴリーの視覚心理学』（近藤倫明、中溝幸夫、三浦佳世訳、ブレーン出版、2001年）〕

(3) K. J. Thomson-Jones, "Sensing Motion in Movies". In *Psychocinematics: Exploring Cognition at the Movies*, ed. Arthur P. Shimamura, pp. 115–32 (Oxford: Oxford University Press, 2013).

(4) D. U. Martin, C. Perry, and J. H. Kaufman, "An Eye on Animacy and Intention", *Frontiers in Psychology*, 7 (2016): 829.

(5) J. Michael, "What Are Shared Emotions (for)?" *Frontiers in Psychology*, 7 (2016): 412.

(6) Aaron Sorkin, The Social Network. Dir. David Fincher (Colombia Pictures, 2010), p. 120.

(7) Robert Bolt and Michael Wilson, *Lawrence of Arabia*. Dir. David Lean (Culver City, CA: Colombia Pictures, 1952), p. 9.

第7章

葛藤の科学

あるいは、人々が助け合って仲良くやっていくのを二時間見ることの何が悪いのか？

劇を書くことに関するかぎり、誰もが**葛藤**について語っているように思われる。「ストーリーにぴったりの主人公は、設定された状況の中でいちばん葛藤する」（ブレイク・スナイダー）[1]。「ドラマの本質は葛藤とサスペンスだ」（グスタフ・フライターク）[2]。「葛藤はあらゆるパワフルな劇作品の本質的な素材の一つであると思われる」（デイヴィッド・ハワード）[3]。〈ストーリーを左右する出来事〉はキャラクターの人生の状況において意味ある変化を作り出し、それは価値という観点から表現され経験され、「葛藤を通じてもたらされる」（ロバート・マッキー）[4]。「ドラマは葛藤である」（シド・フィールド）[5]。これについてはフランスの文芸批評家も同意している。「ドラマとは一般に人間の意志の表現である。私たちを制限し、卑小にする謎めいた能力あるいは自然の力と葛藤する意志だ」

（フェルディナン・ブリュヌティエール[6]）

これらの著者が葛藤という言葉によって意味しているのは、何かを望んでいるキャラクターはそれを手に入れるためにある障害を克服しなければならないということだ。そして葛藤は一本の脚本全体のレベルに存在するだけではなく、シークェンス[7]とシーン[8]というサブユニットにおいても存在する（「シーンにおける葛藤が何であるか?」は、デヴィッド・ハワードの指摘によれば、脚本家があるシーンを書いているときに「これは誰のシーンなのか?」のすぐあとに問わなければならない問いだ[9]）。

たとえば、『世界にひとつのプレイブック』（11）において、主な葛藤は元妻のニッキとよりを戻したいというパットの願望に関係している。その実現への障害が葛藤を生み出すが、それはパットを拘束する命令に関係し、ニッキが家を出て行き、仕事を変え、パットが彼女に会うことができないという事実に関係している。しかし第二のシークェンスでは、彼の目的はニッキを取り戻すことではなく、取り戻す準備をすることであり、そのために彼はシェイプアップし、彼女の英語のクラスの課題図書を読破しようとする。葛藤は彼の回復に対する周囲の人たちの疑いから起こり、ある場合にはその疑いは、一冊の本のエンディングについてのパットの不平から生み出される。もっとも些細なレベルでは——これはこれでドラマティックなシーンであるが——パットはシークェンスの中程で元校長のナンシー・メットガーズと対峙する。彼は自分が復職できることを知らせるために、そしてニッキがまだ学校で教えているかを知るために彼女に話しかけたい。ここでの葛藤はパットに対するナンシーの恐怖から、それゆえ会話を切り上げ安全な場所に逃げようとする試みから生まれる［図7.1］。葛藤は三つのレベルに存在する。つまり、作品全体、シークェンス、シーンだ[10]。

なぜ葛藤が劇作家にとってそのような大きな効果をもつのかを理解するのは比較的たやすい。も

図7.1　ミクロ(シーン)レベルでの葛藤。パットはある情報がほしいが、校長のナンシー・メットガーは彼を恐れる。『世界にひとつのプレイブック』(11)より。多くの成功した映画では、葛藤は三つの別々のレベルでみられる。シーン、シークェンス、作品全体だ。

しあるキャラクターが何かを望んでおり、そのキャラクターがそれを手に入れることへの疑いがあれば——これは重大だ——、観客は共感を覚え、あるいはそのシーンにおけるキャラクターに自分を重ねさえする。それゆえ観客は実際に結果を「心配」し(第2章参照)、観客はキャラクターがゴールに到達する期待とそれが叶わない不安とに宙吊りになりうる(第5章におけるゴールへの到達によるエンドルフィンの分泌についての議論を参照)。

明らかに、もし葛藤がなければ——キャラクターが自分の目標を実現することへの障害がなければ——サスペンスを生み出すことはむずかしい。想像してみてほしい。モーセがファラオに民衆を旅立たせることを頼んだとき、ファラオが肯定の返事をし、資金と餞別とを提供したとしたら?　バズがアンディの部屋に現れず、『トイ・ストーリー』の物語のあいだずっとウッディがライバルもなくトップのおもちゃでありつづけたら?　もし『アバター』でクオリッチ大佐がナヴィの先住民族たちが平和な世界にとどまるべきだと決定したら？　そして人類が惑星を去り、別れの贈り物を渡したら？　わざわざ劇場に足を運ぶたいした理由はなくなるだろう。

葛藤が観客の注意を喚起するもう一つの理由は、実人生においてはそれが比較的まれであることだ。散歩をし、食事をし、といった生活の正常なプロセスは、めったに大きな葛藤とは関係がない。人間の注意はふつうそうした日常的な経験をフィルターにかけてしまう。私たちの注意は、正常な、日常的な刺激への「コントラスト」の方に引かれる傾向がある。それゆえ葛藤の描写は自然な注意を引くのだ（コントラストについては第3章を参照）。同様の観点から監督のアルフレッド・ヒッチコックは言った。「人生をスライスしたような映画もあるが、私の映画はケーキのスライスだ」。おそらく「人生をスライスした」映画はありのままに提示された人生であり――ふつうは退屈なものだ。

葛藤の科学

葛藤を使用することが観客を熱中させるためにいかに有効かを理解する一つの手がかりは、人間の進化にある。進化生物学者エドワード・O・ウィルソンは、このような説を述べている。「意識ある人間の脳がもつ偉大な才能は、シナリオを作る能力――および、それでシナリオを作ろうとする抑えがたい生来の衝動――だ」[11]。これは役に立つ適応能力だ。なぜならこの能力ゆえに、私たちはいかなる行動をとるかという選択以前にすぐに行動のさまざまな帰結を想像することができるからだ。同僚をデートに誘うべきだろうか？　そのような行動をとる前に、起こるかもしれないさまざまなシナリオを秤にかけることは有利にはたらく。同僚はイエスというかもしれないし、デートはうまくいき、良好な関係を結果として生み出すかもしれない。しかし、関係が悪化しないともかぎらない。このまま同僚としてうまくやっていけるだろうか？　もし相手の方が先に出世して私の上司になったら？　もし私の方が相手を振った後で相手が私の上司になりでもしたら？　もし相手がノーと言い、同僚として、あるいは上司としてうまくやらねばならなくなったら？　もし私の方が上司になったら？　セクハラの告発を受けるのか？　もし相手が私の上司とデートするとしたら？　このように、私たちの日常生活の現実は、ただ一つの行動が数限りない数の結果を生み出す可能性があるものであり、そのような想定可能なシナリオを素早く、そして常時生み出すことができれば有利になる。そうすれば私たちはその行動から引き出される結果を調べ、もっとも賢い選択ができるからだ。

映画監督と脚本家は物語の中で葛藤を用いることができる。なぜなら葛藤という状況の結果の不確かさは、このような想定可能なシナリオを構築する観客あるいは読者のもつ傾向にスイッチを入れるからだ。そのような場合には、観客は決定を下す者として映画に立ち会っているのではなく、スクリーン上のキャラクターが直面する選択とキャラクターが下す決定との証人として立ち会っている。

内なる葛藤

葛藤は人間の知覚－認知システムにおけるさまざまなレベルで存在する。ふりだしは朝だ。葛藤がただちに始まる。私たちのほとんどにとってそれは、心が目覚まし時計のアラームに気づき、身体がベッドから出るのを拒むときだ。この葛藤は中枢的神経組織——より高度の認知プロセスにフォーカスされる——と周縁的な神経組織——いまのように外的な現実世界を私たちの脳に流し込むことにフォーカスされる——との間の恒常的な闘いのシンプルな一例だ。

初期の知覚心理学者ジェリー・フォーダー（一九三五-二〇一七）の一九八三年の論文に由来する、心と身体の葛藤についての観点を紹介しよう［図7.2］。それが教えるところでは、私たちの感覚器官は個別的なモジュールで、光は桿体細胞と錐体細胞によって変換されることしかできないという事実だ——耳の中を光で照らしても耳で光は見えないし、音も目で見えない——肌に感じられる気圧の変化は耳で聞かれることはない。フォーダーが**モジュール性**と呼ぶこのような個別的なインプットとアウトプットは直接的にリンクしている[12]。すなわち、私たちの目と耳は現実世界のエネルギーを、解釈や判断なしに神経パルスに変換する。しかし入ってくる現実世界のあらゆる情報はまず大脳皮質下の感情の中枢を通り（そこから「心」が存在するという印象が出てくる。「心」なるものの正体はそれかもしれない）、この地点からあとは何ものも直接的ではない。光と音の生《なま》の刺激は私たちにとって、より役立つものになる。たとえば、焼きたてのパンから立ち上る湯気という目から入ってくる情報は特に何も意味しない。そのようなデータが貯蔵された記憶と結びついて、焼きたてのパンは美味しいと私たちが瞬間的に理解するまでは。ふたたび「制作中の物語との適正な連携モデル」（第1章）を見てほしい——ボトムにおいてインプットされる生《なま》の情報は、どんなものであれ、知識の豊かな脚本家には利用可能だ——そしてボトムアップにスイッチが入ると、観客はいかにして現在の葛藤が終わるかについてあてもなく考え、悩み始める。

図7.2　哲学者・認知科学者のジェリー・フォーダーは次のように主張する。私たちの感覚器官は個別的なモジュールで、その情報は大脳皮質下の構造に関わるようになり、葛藤的な解釈と衝動をその結果として生じさせる。

しかし、生《なま》の情報はとても複雑な仕方で処理されうる。たとえば次のような思考プロセスをたどる人がいるかもしれない。何かが近づいてくるのを見て、「誰かの姿が見える。母だ（大脳皮質下は刺激を母についての貯蔵された記憶と照合する）。あ、いけない。母の誕生日のプレゼントに何を買うんだっけ？（母を認知することは大脳皮質下における別の連想のきっかけとなる）。母は私の躊躇を見て取っただろうか？笑っていない。彼女が大声をあげる前に何か言わなきゃ！（誕生日プレゼントについての関心が過去の葛藤の記憶に基づくさらなる連想のきっかけとなる）。単なる視覚的な刺激がこのように複雑で潜在的に葛藤を含む反応につながる。

観客は映画のサウンドやヴィジュアルに反応するだけではなく、彼ら自身の人生と、それまで見てきたすべての映画の記憶の蓄積によって反応する（第1章の構築主義的心理学を参照）。ボトムアップの情報処理（光が目に入り、変換

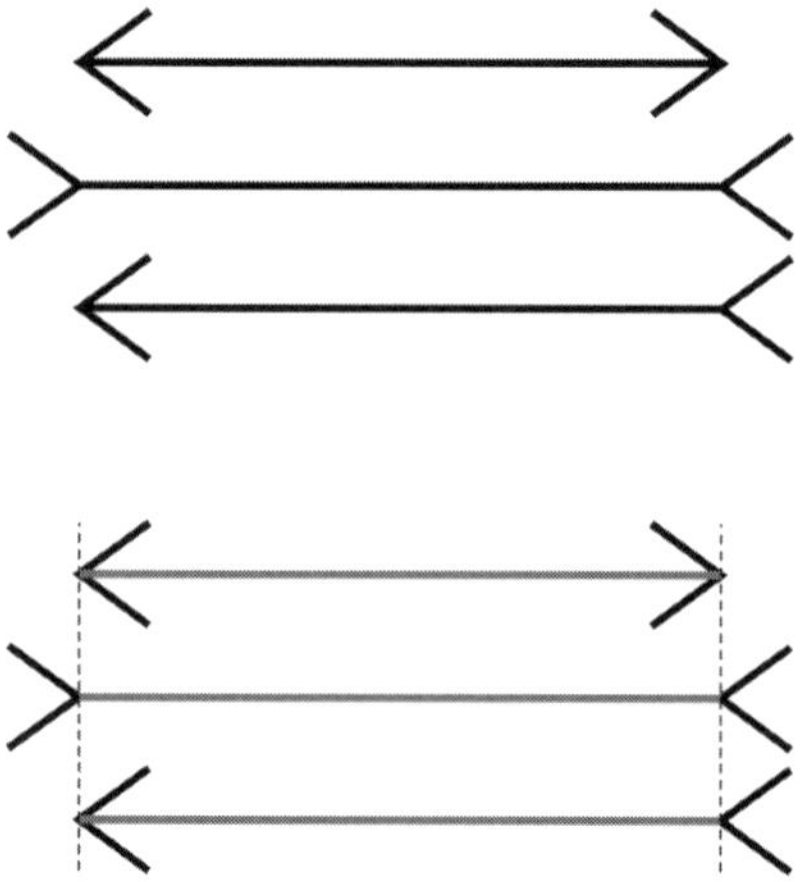

図7.3　ミュラー＝リヤー錯視は、1889年以来、私たちの認知・知覚システムにとって葛藤をもたらしつづけている。

された、視覚野へと向かう）はこのようにトップダウンによる認知に乗っ取られるかたちになり、その結果、罪悪感や恐怖といったリアクションが起こる。

情報の流れにおける葛藤の有益な例が図7.3にみられる。二対の矢印はミュラー＝リヤーの錯視を示している。ドイツの社会学者フランツ・カール・ミュラー＝リヤー（一八五七－一九六一）によって作られたものだ。上の図はすべての矢印の線分（主線）が同じ長さであることを示している。

ミュラー＝リヤー錯視において三本の線を最初に見たとき、そのうちのいずれかが他のものよりも長いという仮定が誘発される。それから計測したあとで、それらは同じ長さであると確信し、私たちはそれらを等しいものとして「見る」ことができる。私たちは誤る。この錯覚は、トップダウンの情報とボトムアップの情報の葛藤の直接的な結果だ——この事例では、進化によって獲得されたバイアスを知識によって乗り越えることができない。開いた角度は距離を拡大するという認知バイアスだ。私たちは真実を知っているが、そのとおりに見ることができない。それゆえ最初から葛藤は脳が現実を処理するときの副産物なのだ。

感情的ジェットコースター

人間の脳は頻繁に起こる内的葛藤の支配下にあり、映画監督はその葛藤をいろいろなテクニックを通して引き起こすことができる。特にコントラストについての第3章に見られるテクニックだ。恐怖vs信頼、絶望vs希望――いずれもがちがった神経化学的な特徴をもつ。たとえば、第1章で引き合いに出された、アドレナリンの奔流を思い出してほしい。見知らぬ犬のうなり声があなたを木に登らせたときのあれだ。あの奔流は私たちの脳の奥深くにある扁桃体が**抗化学物質**を分泌することで改善され、正常な呼吸が再構築されて、自分は安全だという感覚がもたらされる。脳の化学物質どうしのこのようなバトルは、ゴールへ到達することへの期待と、失敗や敗北への不安のあいだの葛藤と同じく、なんらかの解決、なんらかの安堵の状態が成し遂げられるまで、たえまなくくりひろげられる。

それは脚本家の強力なツールでありうる――キャラクター間の葛藤や一人のキャラクター内部での葛藤を思い出そう――それを使えば観客の神経組織がおのずから化学反応を起こすだろう。このように、観客は分子のレベルで感情的に映画に引き込まれ、アドレナリン、ドーパミンその他の興奮性の化学物質の原因を生み出し、シナプスに洪水を起こし始める。その結果として生じるどの感情に観客がもっとも共感するかを正確に予見することはできないが、これらの豊富な神経伝達物質は観客の注意力を鋭敏な状態に確実に保つ。緊張と弛緩を巧妙に変化させること（第3章を参照）によって葛藤を生み出すこともできれば、観客の心臓の鼓動と呼吸を減速させ、成功を予感させる

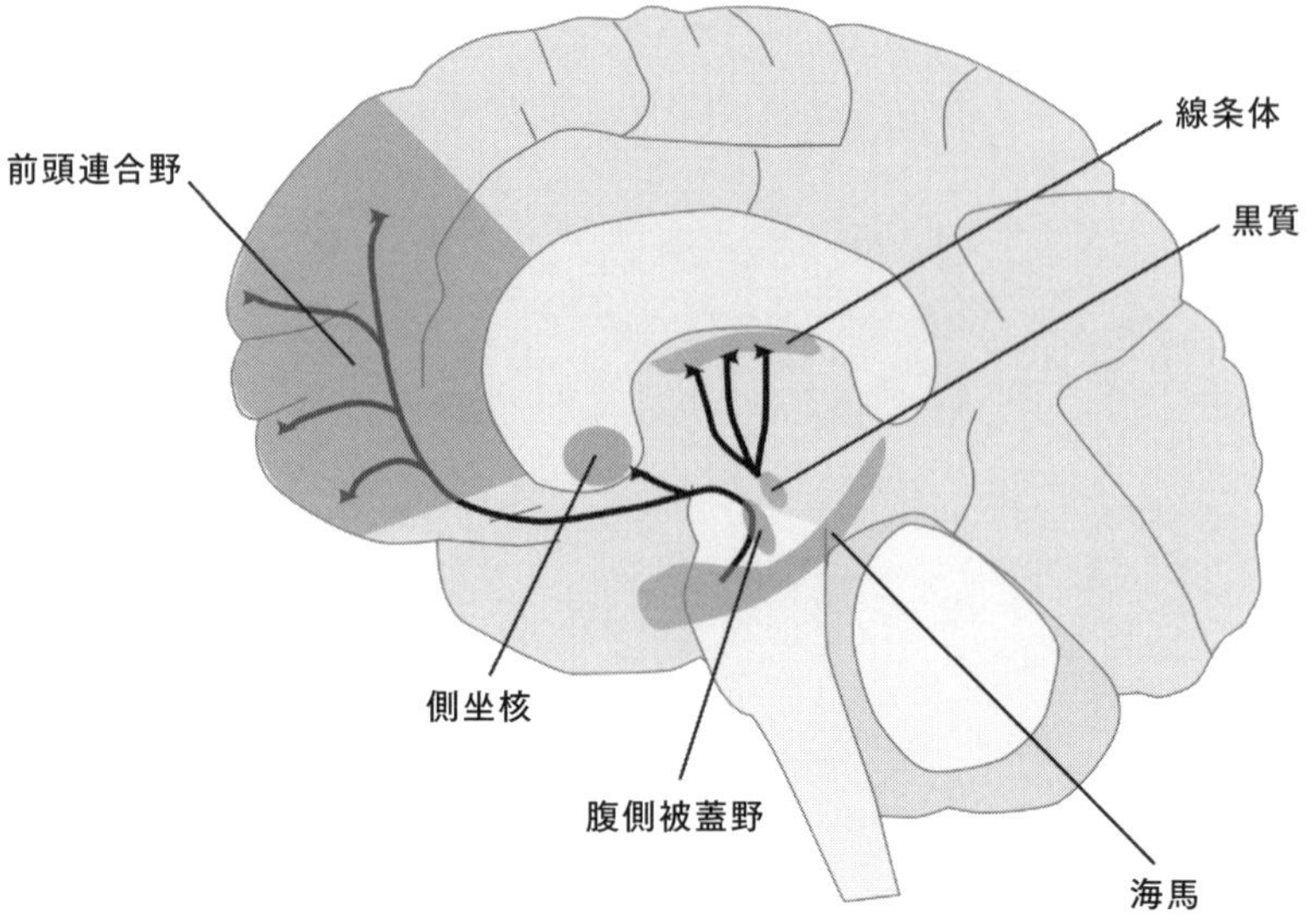

図7.4　ドーパミンを分泌する脳。さまざまな刺激によって人が感じる感情は、化学物質の表現だ。刺激が変化し、コントラストをもつにつれ、**抗化学物質**が、その時に支配的であるどんな化学物質の効果に対しても反作用を及ぼす。このように脳はミクロなレベルでもマクロなレベルでも葛藤によって引き裂かれている。

ことで一時的な解放をもたらすこともできる。心臓の大打撃におけるこの小休止はまた知的な回復をも可能にする——それによって観客はストーリーから思考や内省を適切に引き出す余裕を与えられる。タイミングが重要だ。脳は素早く反応する道具だ。成功による安堵のサインが、次の瞬間にはトラウマの警告を発する。［図7.4］

このような緊張–弛緩のパターンによって、注意は理解を犠牲にすることなく維持され、観客はうっとりとスクリーンに見入り、ついでに他の人たちにあなたの映画を見なければだめだと熱心に吹聴するだろう。

言語的葛藤

人類は社会的生物として進化し、他人の——そしてもちろんキャラクターの——意図を「読む」能力は、生命の維持と社会の迅速な運用のいずれにとっても重要だ。台詞で表現される会話の葛藤は、他人の意図を読もうとする観客の心的傾向を活用し、観客がさまざまなレベルでのキャラクターの理解を心の中で構築することを促す——特にキャラクターの意図あるいは欲望だ。相対立する複数の目標（あるいは共通の敵に対する同一の目標）の表現もまた、キャラクターのモラルや経歴についての細かい情報を観客に提供することになる。なぜならこうしたものは葛藤を表現するさまざまな戦略に反映されやすいからだ。会話の断片は、観客がまさに構築しつつある制作中の物語に織り込まれる。さらに、観客はさまざまな手がかりを通してキャラクターのはっきりとは言葉にされない意図やゴールの状態や世界観について積極的に推測し、洞察しようとする。

『人類はどこから来て、どこへ行くのか』において、進化生物学者のエドワード・O・ウィルソンは述べている。焚き火を囲んで集団で生活することによって人間が得た利点は、他のいかなる種にとっても未知であった社会的スキルの発展をもたらした。分業や食料のシェアや仲間を保護することもそれに含まれる。

こうした選択圧はすべて、他者の意図が読めたり、信頼や協力を得る力を伸ばしたり、ライバルを抑え込んだりできる者に対し、メリットを与えている。つまり、社会的知性がいつでも大いに重んじられるのだ。共感の力が強いと大きく違い、それによって、ヒトを操る能力や、協力を得る能力、だます能力も与えられる。(13)

私たちはこうして他人についての洞察をもたらす手がかりを探そうとするようにできている。意図とキャラクターへの洞察を生み出す葛藤を含む有名なセリフの例が『深夜の告白』（44）にある。

そこではウォルター・ネフが自動車保険の保険証書の更新をしに彼の顧客の一人ディートリクソンの家に到着するが、代わりにディートリクソン夫人のフィリスに出会う。フィリスに彼は好意を抱く。

フィリス　じゃあ、明日の夜八時半ごろにまた来てくださるかしら？　彼も戻ってるでしょうから。
ネフ　彼って？
フィリス　主人よ。主人に会いたかったんでしょう？
ネフ　ああ、そうです。でももう、ご主人抜きでもいいんですがね。
フィリス　この州には制限速度ってものがあるのよ、ネフさん。時速四十五マイル〔約七十キロ〕。
ネフ　それで、わたしはどれくらいスピードオーバーしてました、おまわりさん？
フィリス　九十マイル〔約百四十キロ〕は出てたわね。
ネフ　じゃあ、バイクからおりて違反切符を切ってくれる、ってのはどうです？
フィリス　今回は注意だけで許してあげる、ってのは、どう？
ネフ　それだけじゃすまない、ってのはどうです？
フィリス　じゃあ、きつく叱ってあげるってのは？
ネフ　じゃあ、あなたの肩を借りてぽろぽろ涙をこぼすってのは？
フィリス　わたしの肩じゃなくて、主人の肩にすればどうかしら？
ネフ　それじゃ、ほんとに泣きの涙になっちまう。(14)

図7.5　フィリスとウォルターは道路交通法の執行について話している。――それともそれは無作法な性的な会話だろうか？『深夜の告白』（44）における葛藤を孕んだ（あるいは間接的な）会話。

ここでは、キャラクターの目的は明らかで、葛藤状態にある。彼は彼女が欲しい。そして彼女は彼をはねつけたい。ネフにとっての障害は彼女の妥協のなさだけではなく、社会がこのような密会を禁じているという事実でもある。彼女は既婚者だからだ。このことがネフに間接的な戦略を使わせることを強いる――比喩的に語ることだ。このことがネフに、彼女にパスを送ると同時に、送った事実を否定することもできるようにする。このようなアプローチはネフの意図についての情報を伝えるだけでなく、彼のキャラクター――社会のルールを進んで破ろうとする人――も伝える。そして彼の賢さも。自分の目的を、その結果として起こる社会からの攻撃にさらされることなく成し遂げることができる賢さだ。この場面で提示された葛藤なしにそのような情報を観客が拾い集めることは不可能だ。〔図7.5〕

語彙の選択や声の性質に編み込まれた葛藤は、心理表現の味わいを豊かにする。しかし葛藤はまた自然によっても作られる。「ただの人間が一マイル〔時速1/6キロ〕の竜巻に立ち向かう」というような。この種の葛藤は、現実世界についての観客の知識に依存する。人間は自然の力にかなわないという知識だ。そして脚本家はより多くのアクション、より多くの視覚的情報を使用して観客のうちにキャラクターについての同じくらい深い理解を作り出すことができる。

きわめて基本的なレベルでは、人間の脳は大部分、話し言葉の音を検知し言語を理解するようにデザインされている。私たち人間は、誕生以前に聴覚野が〔音を〕選り分けるエリア（パラベルトと呼ばれる）を発達させ始める唯一の生物だ。このエリアで特定の振幅と周波数の内に収まる音は切り離されてさらなる吟味へと先送りされ、これらの音が発話の「ルール」に従っていると聴覚野と言語中枢において判断されれば、これらの音に意味が付与される。ある場面における他の音声（BGMや人々の喧騒、あるいは衝突音／発火音／爆発音など）にもまして、緊張した声はほとんどの観客によってうまく聞き取られる。なぜなら脳は意味を好むからだが、私たちにとってそれが意味するのは、話された言語を騒音の中から検知するということだ。感情と意味を検知することにおいて、スキーマ——トップダウンの情報処理——も一役買っている。静かな会話のさなかでの、正常な発話の音量の範囲を超えた叫び声は、その物理的特性（デシベルとヘルツ）において騒々しいパーティーでの叫び声と同じでありうる。ある文脈では、パニックゆえの大声と考えられるかもしれず、他の文脈では、単に相手に聞こえるように出す大声かもしれない。

葛藤に満ちた人間の本性

内的な葛藤を抱えるキャラクターはホメロスの『イーリアス』以来、数々のストーリーの中心にいた。アキレウスが船のそばで一人で怒り悩んでいるとき彼の仲間たちはそれを悪くとる。確かに

『世界にひとつのプレイブック』のパットは内的な葛藤とずっと闘っている。『カッコーの巣の上で』におけるR・P・マクマーフィーと何人かのキャラクターも同様だ。『アラビアのロレンス』のロレンスは内的な葛藤に引き裂かれている──軍への忠誠とアラブへの忠誠、暴力への反抗と暴力への愛、神がかった使命感と人間としての限界。映画の前半の最後の方で、彼がイギリスの大義に加担した一人のアラブ人を処刑すると告白するとき、彼の内的な葛藤が噴出する。

いまや私たちはロレンスがすっかり彼の矛盾に絡め取られているのを目にする。彼の顔はひきつり、彼は言葉を探しながらゆっくりと椅子の中で体をひねる。[15]

エドワード・O・ウィルソンは人類独特の進化の仕方に目を向けている。進化の結果、人類は根本的な──彼が信じるには不変の──矛盾を発見するに至る。この矛盾は人間の本性において普遍的に現れる。**マルチレベルの進化**だ。動物のほとんどの種は、自分自身をケアする個体としてか、あるいはずっと稀なことだが（蟻のように）本能的に協働する集団の一部としてか、どちらか一方のレベルで進化する。

しかし人類は社会の中で自分自身をケアするためにも（個体的選別）、全体としての社会をケアするためにも（集団的選別）進化した。両方のレベルの選別は人間という種が生き残るために役立つにちがいない。問題はそれらが対立的であることだ。個体的選別はふるまいが競合的で利己的な個体を優遇する。一方、集団的選別はメンバーが寛容と利他主義を示す集団を優遇する。これらの二つの衝動はこのようにたえず葛藤の状態にある。

　このことの一つの典型的な事例が、友人たちのグループがレストランでディナーをし、割り勘にしようと決めるとき、いつでも起こる。メニューでもっとも高価なものを注文することは皆の個体〔個人〕としての関心のうちにある。なぜなら他の人たちは金を出し合い出費を補助するだろうから。そしてこのように注文する人たちは自分自身を最良の価格で最良の食事にありつく者と考える。しかし個々の人たちにとってもっと慎ましいものを注文することは集団の利益に叶うことだ。なぜならそのことはグループ全体の出費を抑えるから。この難問への答えは、「答えがない」ということだ。各々の個体が別々の、葛藤を含む仕方でこの問題に対処するだろう。たぶんその過程でひとつならずの友情を解消する原因となるだろう。

　芸術についてウィルソンはこう結論する。


　こうして相互に打ち消し合うマルチレベルの選別の力がはたらく結果、個人の心には必然的にいつまでもあいまいさが残る。すると、絆を結ぶ、愛する、協力する、裏切る、分かち合う、犠牲にする、奪う、欺く、罰する、訴える、裁くなどのやり方について、人々のあいだに無数のシナリオができることになる。文化的進化の上層の大きな広がりに表れる、各人の脳に固有の葛藤は、人文学の源泉となる。アリの世界のシェイクスピアは、信義と裏切りのそんな争いに悩まされず、本能の厳格な命令によってわずかな種類の感動しかもてないため、喜劇も悲劇も一つずつしか書けないだろう。一方、ふつうの人間でも、そんな話をいくらでも編み出せるし、雰囲気や気分の組み合わせを無限に生み出せる。[16]

台詞――かっちりと、そしてレールを外れて

しばしば脚本家はかっちりしたセリフを是が非でも避けるよう教えられている。ロバート・マッキーはそれをこう記述する。「登場人物の心の深層の思考や感情が、登場人物の発言や行動によって表現されるダイアログとアクティヴィティを書くこと」[17]。ブレイク・スナイダーはかっちりしたセリフについて「薄っぺらなセリフがいかに退屈で、スペースの無駄か」[18]と記述する。例を挙げれば、マッキーはある想定上のシーンを提示する。

魅力的なふたりがテーブルに向き合ってすわっている。テーブルにはキャンドルがともされ、その光でクリスタルのワイングラスがきらめき、恋人たちの潤んだ瞳が輝く。そよ風でカーテンが揺れる。ショパンの夜想曲が流れている。ふたりはテーブル越しに手を伸ばして相手の指先に触れ、うっとりと見つめ合いながらささやく。「愛してる、愛してる」まったくそのとおりだ。こんなシーンを演じることはできない。道で轢かれたネズミ並みの運命をたどることになる。[19]

そのようなセリフを避けるためのマッキーのアドバイスは、セリフは**サブテクスト**をもたねばならないと認めることだ。

俳優が役に命を吹き込むときは、内面から外面へと作り上げる。言い換えれば、語られない思考や感情、さらには無意識の思考や感情からはじめて、表面的なふるまいへと形作っていく。俳優はそのシーンに必要な言葉を発し、必要なことをするが、創造の出発点となるのは内面である。前述したシーンを演じられないのは、内面がない、サブテクストがないからだ。[20]

マッキーはなぜ愛し合っている二人の個人が、彼らが「愛している」と言うとき、現実には彼らの内的な思考をけっして表現できないかを明らかにしていないが、それにもかかわらず彼はこのシーンを、もしカップルがタイヤを変えながら、それについて話し合っていれば、俳優が愛を見つけることを許し、演じられるとほのめかす。

「かっちりした」セリフを避けることについてのさらに有益な思考法は、それをサブテクストの問題としてではなくむしろ「間接的話法」あるいは**間接参照**（indirection）の問題とみなすことだ。間接的な話法を書くためのツールは伝統的な数々の修辞的な技法の使用を通じてすぐに手に入る。隠喩、直喩、誇張法、換喩、アイロニーなどだ。これらの技法は使われている言葉と伝えられる意味の間の葛藤を準備し、情報を伝えたり、交渉をしたりするさまざまなシチュエーションのおかげで人間にとって自然なものだ。

人間の言語は皮肉だらけで、誇張や誘導が微妙に混じったゲームとして、文字どおりのフレーズとは違う意味を伝える。言語は遠回しになることもあり、メッセージを露骨に述べずにほのめかし、それによってうまく否定できる余地を残している。たとえば、明白で常套句とも言える異性の誘惑（「部屋へ来て、僕の絵を見ない？」）、丁寧な依頼（「パンクしたタイヤの交換をお手伝いいただけるのでしたら、ご恩はずっと忘れません」）、脅迫（「いい店を構えたな。何かあったら残念だろう」）、賄賂（「うわあ、お巡りさん、今ここで違反切符の支払いを済ませられませんか？」）、寄付の依頼（「リーダーシップ・プログラムにご協力いただけたら幸いです」）などだ。[21]

映画にはそのような間接参照の例の数々がいくらでも見つかる。先に引用した『深夜の告白』のシーンは隠喩の使用に関係する。エルンスト・ルビッチは一九三〇～四〇年代のコメディのすぐれた監督であるが、独特の「ルビッチ・タッチ」で知られた。これはまったくもってそのような間接参照の才能であり、しばしば社会的にタブーであったセックスのテーマを含んでいた。たとえば、ルビッチが脚本家のサムソン・ラファエルソンと組んだ『極楽特急』(32) において、一人の社交界の女性とフランソワがパーティーでラヴァル氏のことを話している。彼は最近、化粧会社の金持ちの相続人マリエットの個人秘書になった。

婦人　あれがラヴァル氏です。
フランソワ　ラヴァル？　ラヴァル氏とは？
婦人　さあ、存じません。「彼女」が言ってますの。彼は自分の秘書だと。
　フランソワはふりむき、ガストンを探るように見る。ガストンは別のグループでマリエットと休憩している。
フランソワ　ああ、それで？

婦人　それで彼が言うには自分は彼女の秘書なのだと。たぶん私は間違っています。おそらく彼が彼女の秘書なのです。（彼女は皮肉っぽく笑う）[22]

このセリフの「かっちりした」バージョンならここで単に婦人はこう言った可能性がある。「あの方がムッシュー・ラヴァル。そしてたとえ彼がマリエットの秘書だと主張しても私は彼らができていると思います」。しかしそのような言い方はひょっとしたら彼女の社交界のサークルの中での人間関係を損なうかもしれない。その代わりに間接参照——表向きは一つのことを言いつつそれとの葛藤関係にあるメッセージを伝えること——を使って彼女はもっともらしい否認*を手にする。文脈から切り離されると、彼女の言葉は罪がない。

アイロニーはおそらくもっとも強力な——そしてもっとも使いやすい——修辞的技法で、キャラクターが二つのまったく反対のことを同時に言うという点において比類がない。ひとつのうってつけの例が『トイ・ストーリー』にある。ウッディがアンディの部屋の常連になろうとしているバズと対峙する場面だ。

ウッディ　きみは本当に自分が「バズ・ライトイヤー」だと思っているのか。ああ、ずっと俺はそれが演技だと思っていたよ。（部屋の方に）おい、きみたち。みろ。これは「リアル」だ。バズ・ライトイヤーだ。

バズ　おれをからかっているのか？

ウッディ　いやいやいや。[23]

図7.6　『トイ・ストーリー』(95)より。ウッディはアイロニーを用いてバズを攻撃する。アイロニーは脚本家が「かっちりした」台詞を避けるために使うことのできる修辞的な技法のうちもっとも容易なものであり、それは葛藤の洗練された表現だ。アイロニカルに話すキャラクターは、一度に二つの対立したことがらを話している。

「いやいやいや」によってもちろんウッディは実際には「そうだ」と言いたい。一方、彼の他の台詞において、明らかに彼は自分の言っていることの反対を言いたいと思っている。彼はそれがまったくのジョークだとは思っていない。そしてそのときバズが「リアル」のバズ・ライトイヤーであると信じてはいない。

注目すべきことだが、バズの特徴の一つは彼にはアイロニーが言えないことだ。なぜならほとんどの人は日常生活においてアイロニーを理解しよろこんで使うことができるので、バズの不能は彼の融通の効かなさを映し出し、彼をからかいやすくする。[図7.6]

アーロン・ソーキンは『ソーシャル・ネットワーク』(10)において間接的なセリフを見事に使っている。マークがディヴィヤとタイラーとキャメロンの弁護士に言う。「もしあなた方のクライアントたちが私の両肩に座って自分たちがビッグだと言いたいのなら、やらせてやればいいじゃないか」。彼は隠喩的に語っている。エリカがマー

＊　もっともらしい否認
ある出来事に対しほとんど明らかと言っていいほど関与を疑われている人物が、その明白な物的証拠が存在しないために、それを否認すること。

クにこう言うときと同様に。「インターネットは鉛筆書きじゃない。マーク、それはインクで書かれているわ」。ショーンがマークに「これは三十年に一度のとんでもないアイディアだ。ゴールデン・ゲートの下の水は冷たく凍ってるぞ」と言うとき、彼は**換喩**を用いている──何かに関連するものを、その何かを指すために使っている──この場合は、ヴィクトリアズ・シークレットの創業者が自殺した場所だ。彼は早く店を売却しすぎて何億ドルもの金を失った。テイラーがキャメロンとディヴィヤに、マークがより多くの大学を参加させるためにフェイスブックを拡大したことを発見したあとで次のように言う。「その停止命令書は本当にきみたちを怖がらせたのか?」。このとき彼はアイロニーを用いている──彼がいいたいのはもちろんその停止命令書なるものはまったく効力をもたないことだ[24]。

このような間接参照の使用は「かっちりした」セリフを避けるためのすぐれた方法であり、私たちのきわめて葛藤に満ちた知覚的・認知的情報処理とマッチする葛藤を表現する。

この章で学んだこと

- 成功する脚本にとってのあらゆる材料のうち、**葛藤はもっとも重要だ**──主人公はなんらかの障害を克服しなければならない。これはストーリー全体にとって鍵であるばかりでなく、葛藤はすべてのシークェンス、すべてのシーンに編み込まれていなければならない。「これは誰のシーンなのか?」と考えること。
- 葛藤は**脳-身体**の関係だ──それは身体が感覚的な情報を受け取り、それを脳まで送り、一方で脳は解釈し、トップダウンの、つまり反対側からの情報を付け加えているという事実そのもののことだ。これが意味するのは、あなたの作品の読者あるいは観客を含め人間というものは、難題を生きがいとするように構築されているということだ。

- どのようにしてこのような情報は脚本家を助けるのか？　観客はバトルの準備ができていて、それに慣れているから、すべてのシーンに葛藤を入れることは人間の知覚的・認知的システムときわめて折り合いがよい。
- もし観客が感情的に主人公とつながりをもてば、そして主人公がゴールへの妨害に直面すれば、観客は**感情的葛藤**を経験している。キャラクターがゴールに到達することを望み、失敗することを恐れる。
- 映画は現実ではない――だから私たちは映画が好きなのだ――現実は退屈で同じことのくりかえしであり、それほど葛藤に満ちていない。それゆえ明らかでさしせまった危険を観客は期待する。彼らを失望させてはいけない。
- 人間の推論は先を読む傾向をもつ。すなわち、私たちはどんな状況に対してもあらゆる種類の可能な結果を仮定する。ストーリーに夢中になるとき、私たちはキャラクターのジレンマのあらゆる可能な帰結について心理的な探求を行う――そのために何でもつぎ込む覚悟でいる。映画館にとっては願ってもない上客だ。
- あらゆる感情は**神経化学的特性**をもつ。それは私たちが抱く気持ちに付随しており、どのように私たちが世界に関わるかに影響する。アドレナリンは高揚あるいは闘争心を高め、セロトニンはあらゆることを素直に受け入れさせる――**葛藤と開放のタイミング**はこれらの生物学的信号のスイッチを切り替える。だからシーンをどう書けば観客の神経化学とタイミングが一致するかをよく考えるべきだ。

- 言語的葛藤――論理的な主張はそのまま伝わるが、暗示あるいは**間接的話法**は読者あるいは観客に推測せよと促す――そして理解を確実にするために**推測**に足を踏み入れると、人間は次に来るものが気になる。アイロニー、換喩のようなツールの使用によって、かっちりした台詞を避けること。そうすれば観客の**個別化した聴覚野**は意味を探すだろう。

脚本検診――スクリーンの水準での葛藤

シーンを書くとき、たとえおおざっぱな草稿であっても、そのシーンの「メインキャラクター」を特定し、その人が欲していること、およびその目的への障害をはっきりさせることは有益だ。これは葛藤を生み出し、それが今度は読者のうちに期待を生み出し、ページをめくりつづけさせる。最初の草稿のあと、任意のシーンを調べ、あなたがそのシーンの「クライマックス」と「解決」を見つけることができるかどうかを確かめてほしい。この二つは通常は対立する。たとえば誘惑のシーンで、クライマックスは誘惑が成功すると考えられる瞬間でありうるが、(ラストでの)解決は誘惑は成功しないだろうとわかるときだ。ドラマティックなシーンにおけるそのような構造は、状況に内在する葛藤を利用するだけでなく、観客の注意を維持するためにコントラストを用いることもある。

知覚の実習――葛藤を抱えた脳、あるいは音素回復効果

心理学者のリチャード・M・ウォーレンは、被験者に咳やその他の言葉以外の音によって遮られた文章を聞かせる実験を行っている（Warren 1970）。すると、被験者の誰一人として咳が聞こえていることを報告することができず、全員が欠けている言葉を補ったのだ。彼は心理学者の同僚たちにこの実験をふたたび行った。この同僚は聞いているものの意味を生み出すために欠けている情報を補おうとするトップダウン情報処理の影響をよく知っている――その結果、ふたたび一人たりとも咳が聞こえていることを報告しなかった。私たちの脳は意味をなさないものを受け入れないのである。（Goldstein, 2007）

原注

（1）Blake Snyder, *Save the Cat!: The Last Book on Screenwriting You'll Ever Need* (Studio City, CA: Michael Weise Productions 2005), p. 64.〔ブレイク・スナイダー『SAVE THE CATの法則――本当に売れる脚本術』（菊池淳子訳、フィルムアート社、２０１０年）、88頁〕

（2）Gustav Freytag, *The Technique of the Drama: An Exposition of Dramatic Composition and Art*, trans. E. J. MacEwan (Chicago, IL: Scott, Foresman, 1990).

（3）David Howard, and Edward Mabley, *The Tools of Screenwriting* (New York: St. Martin's Griffin, 1995), p. 46.

（4）Robert McKee, *Story: Substance, Structure, Style, and the Principles of Screenwriting* (New York: HarperCollins 1997), pp. 34–35.〔ロバート・マッキー『ストーリー――ロバート・マッキーが教える物語の基本と原則』（越前敏弥訳、フィルムアート社、２０１８年）、48頁〕

（5）Syd Field, *Screenplay: The Foundations of Screenwriting* (New York: Random House, 2005), p .25.〔シド・フィールド『映画を書くためにあなたがしなければならないこと――シド・フィールドの脚本術』（安藤紘平、加藤正人、小林美也子、山本俊亮訳、フィルムアート社、２００９年）、２７１頁〕

（6）Ferdinand Brunetiere, *Etudes Critiques*, vol. VII (Paris: Librairie Hachette et Cie, 1903), p. 152.

（7）シークェンスとは「それ自身の内的構造をそなえた八分から十五分の映画の区切りと定義され、事実上、長い映画の中に組み込まれた短い映画だ。かなりの度合いにおいて、各々のシークェンスにはそれ自身の主人公と緊張とアクションの高まりと解消がある」。P. J. Gulino (2004) 参照。

（8）一般に、シーンはひとつの場所で連続して起こるアクションと定義され、シーン見出し（scene heading）によって「マスター・シーン」（master scene）という脚本フォーマットにまとめられるもの〔台詞だけからなり、ト書きやカット割りの指示がないもの〕。

（9）Howard and Mabley, *The Tools of Screenwriting*, p. 93.

（10）この反復的構造はフラクタル――類似のパターンが次第により小さいスケールで現れる構造――と見なされうる。これは自然界を通じてみられる現象だ（シダの構造はよい例だ）。この構造は James E. Cutting, Jodan E. DeLong, and Christine E. Nothelfer, "Attention and the Evolution of Hollywood Film", *Psychological Science* (2009) において個々のショットのレベルで分析されている。doi: 10.1177/0956797610361679. また、以下においても論じられている。David Pincus (2010), "And the Oscar Goes to... Our Brain?" *Psychology Today* (2010), retrieved from https://www.psychologytoday.com/au/blog/the-chaotic-life/201003/and-the-oscar-goes-toour-brains.

（11）Edward O. Wilson, *The Social Conquest of Earth*, (New York: W.W. Norton, 2012).〔エドワード・O・ウィルソン『人類はどこから来て、どこへ行くのか』（斉藤隆央訳、化学同人、２０１３年）、２５０頁〕

（12）N. Smith, "Dissociation and Modularity: Reflections on Language and MInd". In *Mind, Brain and Language*, ed. M. Banich and M. Mack (Mahwah, NJ: Lawrence Erlbaum, 2003).

（13）Wilson, *The Social Conquest of Earth*, pp. 43–44.〔前掲書、48頁〕

（14）Billy Wilder and Raymond Chandler, *Double Indemnity*, dir. Billy Wilder (Paramount Picture, 1944), pp. 11–12.〔レイ

モンド・チャンドラー＋ビリー・ワイルダー『深夜の告白』（森田義信訳、小学館、２０００年）、21－22頁〕

（15）Robert Bolt and Michael Wilson, *Lawrence of Arabia*, dir. David Lean (Culver City, CA: Colombia Picures, 1962), p. 127.

（16）Wilson, *The Social Conquest of Earth*, p. 274.〔前掲書、３２８頁〕

（17）McKee, *Story*, p. 253.〔前掲書、３０５－３０６頁〕

（18）Snyder, *Save the Cat!*, p. 189.〔前掲書、２１１頁〕

（19）McKee, *Story*, p. 253.〔前掲書、３０５頁〕

（20）McKee, *Story*, p. 253.〔同書、３０５－３０６頁〕

（21）Wilson, *The Social Conquest of Earth*, p. 230.〔前掲書、２７０頁〕

（22）Samson Raphaelson, (Madison: University of Wisconsin Press, 1983), pp. 118–19.

（23）John Lasseter et al., *Toy Story*, dir. John Lasseter (Pixar Animation Studios and Walt Disney Picture, 1995), p. 36.

（24）Aaron Sorkin, *The Social Network*. dir. David Fincher (Colombia Picture, 2010), pp. 74, 78, 122, 82.

第8章

想像力の科学

あるいは、側頭葉と創造的思考・創造性の諸段階

誰もが知るように、科学者は分析的で、正確で、左脳を使う。創造的なタイプの人たちは自由な精神の持ち主で、秩序に従わず、右脳を使う。科学者は物理的な世界を観察する。脚本家は彼らの想像力というかりそめの世界を探求する。とはいえ、これは根拠のない俗説かもしれない。

実際には、脚本は科学と同じく観察から生まれる。生（人間のふるまい、生活のプロセス。もちろんあらゆる生物によって営まれる）を観察する者たちは、観察対象の説明のためにさまざまな心のパワーを用いる。著名なブロードウェイの舞台演出家であるホセ・キンテーロはかつてこう指摘した。「ドラマは人類の内面的な生の研究だ(1)」。

しばしば、人間および他の生物は彼らのゴールの状態の追求を合理的に行わない。ゴールの状態

とは、ゴールに到達するために必要で十分な行為の結果としての最終的な段階のことだ。脚本家も科学者も観察対象についての因果的説明を試みる。つまるところ、人間の脳には何が原因で何が結果かを理解しようと努める傾向があるのだ（第5章参照）。ストーリーを物語ることも科学的仮説の検証も、出発点を共有している。世界の観察だ。そしてゴールに到達するための感情、思考、ふるまいは、科学とドラマのいずれにも共通の目的を生み出す。科学者にとって、仮説の発展についての高度に検証された方法と厳密な反証が、観察対象についての因果的説明を提示するためのプラットフォームを提供する。脚本家にとっては、物語を語る方法が、科学よりもずっと古くからあり、あるきわめて厳格な形式における検証と反証だ。観客の反応は、クリエイターがどこまで人間の条件――観客自身の条件――についての真理を語っているかを根本的に決定する。

脳の右半球が創造性を司り、左半球が言語と分析的推論を支えるという考えは、こんにちの脳機能イメージングによるエビデンスの時代において決定的に覆されてきた。多くの研究者（Storm and Patel 2014; Kounios and Beeman 2009）が提示している図像化したエビデンスによれば、いずれの半球も問題解決の間、違ったやり方で活動しており、事実、被験者が「創造的」であるとはっきり示されているとき、両側の側頭葉におけるドーパミンの分泌が著しく増している。認知心理学者ロナルド・T・ケロッグは断言する。「創造的思考は脳の片側の半球だけに位置づけられるにはあまりに複雑だ」（Kellogg 2013）。

ドーパミンと創造的な心的活動とのこのような結びつきは「狂気の天才」（たとえばファン・ゴッホ）と多産な創造性の関係を支えていることがほのめかされてきた〔図8.1〕。統合失調症の画家やハイパーグラフィア〔側頭葉てんかんの患者に見られるゲシュヴィンド症候群の一つで、文字や図柄を大量に書く（描く）

図8.1　フィンセント・ファン・ゴッホの自画像。異様に高いレベルのドーパミン――尋常ならざる創造的な活動の爆発に導く――は、フィンセント・ファン・ゴッホ本人のふるまいと矛盾しない（Van Gogh Museum Amsterdam）。

行動を特徴とする〕の詩人やトゥレット障害〔チックを主症状とする症候群〕の作曲家についての複数の報告事例は、創造的な活動にとってのドーパミンの重要性を明らかに示している（BBC Active 1996）。こうした事例においては、ドーパミンの滝のような流れが、苦痛を感じさせるレベルの生産性、ときとして首を傾げさせるような作品へとクリエイターを駆り立てる。ある画家は、統合失調症で入院していたが、自分の妄想をこう表現した。「いつやめるともわからず、カンヴァスに次から次へと絵の具を塗り続ける――結果は泥沼」。

ほとんどの人にとってドーパミンは節制ある水準で流れ、実験を考案したり脚本を書き始めるとき、私たちの創造的なエネルギーは構造化されたフォーマットに助けられている。たとえば、実験のための構造化されたフォーマットは独立変数〔原因となるもの〕の定義を要求し、それらの変数を数量化することによって各々のレベルを操作可能にする。それゆえたとえば、人々が暑いときにアイスコーヒーを買い、寒いときにホットコーヒーを買うのが観察される。独立変数——気候——は、きわめて広大な範囲に及ぶ！　実験者はさまざまなレベルを割り当て、あるいは定義することによって操作可能にする。たとえば二十四度以上の日は暑く、二十度以下の日は寒いと二元化することによって操作可能にする。この**操作的定義***が実験のデザインを構造化し始める。そこで科学者は従属変数〔結果として得られるもの〕を選別して二十四度以上の温度と十八度以下の温度の差を計測しなければならない。このケースでは、たとえば実験者の地元のコーヒーショップで売れたホットコーヒー対アイスコーヒーの数だ。科学では、構造は数学によって権限を与えられている——すべてが数量化されねばならない。物語を語ることにおいては、最初と中間と終わり（かならずしもこの順序ではなくとも）が構造を提供する。他の創造的なジャンル——たとえば絵画——は、画材を集め、構図を決め、カンヴァスを準備し、といったことを要求する（確かに画家の構造にはより多くの段階があるが、初心者はとりあえずこれだけ行えば、すぐにチューブから絵の具をねり出し、絵筆を動かし始める）。それゆえ構造化されたフォーマットとは、いかにしてゴールの状態にたどりつくか、つまり、次に必要かつ十分などのような手を打てば、あなたの創造的な最終ステージに導いてくれるかだ！

認知心理学者ケロッグは言う。歴史的に創造性は新しく、有益で、外部検証を経た生産物として定義されてきた（Hayes 1989）。もし脚本を生産物と定義するなら（それが「新しい」のは、脚本家が彼／彼女自身の考えを言葉に表現することで新しい何かを発明しているときだ）、有益さを考慮しなければならない。なぜなら外部による検証が定められているからだ——映画会社あるいは撮影所の脚本下読み係、そして最終的には観客だ。

よいストーリーは有益か？　ウィルソンはそれを次のように論じている。

創世の物語は、それぞれの部族の構成員に対し、自分たちの存在の理由を明らかにした。それによって人々は、他の部族よりも自分たちが愛され守られていると感じられたのである。［……］そうして生と死のサイクルに意味を与えた。創世の物語によって存在の意味を示さずに長く存続できた部族はない。［……］創世神話は、ダーウィン説に照らせば生存のための仕掛けだ。部族内の信者が外部の不信心者に立ち向かう部族闘争は、生物学的な人間の本性を形作るなによりの原動力だった。(2)

ストーリーの作者の機能についてのさらなる議論は第2章で説明した。生き残りのツールを学ぶこととしてのストーリーの観念によって。そして認知心理学者キース・オートリーの「心のフライトシミュレーター」としてのストーリーの観念によって。

それならば、脚本の執筆がこのような創造的な心的プロセスの定義にふさわしいと結論してさしつかえない。それでは、どのようにして人は自分のドーパミンの流れを手に入れるのだろうか？　認知科学者たちは、脳の活動のさまざまな状態を含むひとつのプロセスがあり、それが創造的な作

＊　操作的定義
観察によって直接確認することができない概念を観測するために定められる手続き（の体系）。

品という結果に至るという証拠を発見した。これらのさまざまな状態を同時に考え、そのひとつひとつにとっての証拠を考慮しよう。しかるのちにそのそれぞれを脚本執筆のシナリオに関係づけよう。

準備する

準備は研究し、調査し、素材を収集する段階だ。可能な資金と編集のサポートをも含めて。そして創造したい作品を準備する段階だ。調査は長い間、強力で効果のある脚本の重要な構成要素だった。「どんなに才能があっても、何も知らなければ書けない。才能は事実とアイディアで刺激してやる必要がある。調査をしよう。才能に題材を与えよう。調査をおこなえば、クリシェとの闘いに勝てるだけでなく、恐怖とその同類である鬱状態を乗り越えることもできる」とロバート・マッキーはアドバイスする。(1) しばしば脚本家は自分がクリエイトしようとする世界についての深い知識をもつ。「あなたが知っていることを書け」はありふれたアドバイスだ。ジェームズ・ジョーンズ(『シン・レッド・ライン』)やティム・オブライエン(『本当の戦争の話をしよう』)といった小説家は、従軍経験のあとで戦争について書いた。ジョン・グリシャム(『ザ・ファーム』)は、法律について書く前は法律家だった。SFの古典『未知との遭遇』(77)のコンサルタントには宇宙飛行士が呼ばれ、オスカーを受賞した『アリスのままで』(14)という若年性アルツハイマーにかかった認知科学者のストーリーは、脳科学者のリザ・ジェノヴァによって書かれた小説に基づいている。

脚本家が準備をすればするだけ、作品は外部検証をクリアする可能性が高くなるだろう。[図8.2]

図8.2　監督が宇宙飛行士の専門的なアドバイスを受けていただけに、『未知との遭遇』（77）からは余計に誠実さが感じられる。

卵を抱いて温める

直感に反していると思われるかもしれないが、次の局面は抱卵（インキュベーション）であり、休みをとることに関わる——作品から一歩離れ、他のことをすること。なんでもいい。この段階は脳がリフレッシュし、意識的に気晴らしを行い、作品が意識下のレベルで孵化することを可能にする。認知神経科学の研究者カローラ・サルヴィらは、視覚的な気晴らしが理想的だと指摘している（Salvi et al. 2015）。注意は目の動きをたどるからだ（第6章の共同注意を思い出してほしい）。サルヴィらは、準備、抱卵、解決を通しての、まばたきを含めた目の運動を研究した。被験者が研究し準備している間に検知された目の動きは抱卵のプロセスの間に検知された目の動きとは著しく違っていた。そのとき被験者は意識的に作品から目を「そらして」いた。準備の間、固視——認知的に要求が多く疲れる注意の選別タイプ——が支配的であった。固視は、ものを読んでいる間でさえ（その間はページを追うサッケード運動が自然な目の運動だ）観察された。抱卵の間、目を閉じたりまばたきの間隔を長くしたりが増えた。そのいずれも〔自己の〕内側にフォーカスをあてる注意に関わる脳の活動の変化に関係する。加えて、固視はきわめてまれで、指示された被験者は、思考と注

図8.3　先延ばしは科学的調査における元気の元かもしれない。創造的な仕事から歩み出て他のいろいろなこと——田舎道の散歩など——に集中することは、創造的プロセスにおける**抱卵**の時期と呼ばれるものの本質的な一部である。これは無意識的な心がはたらくことを可能にする。仕事を完成させるために部屋に戻らなければならないのは言うまでもないが。（Chas. Worchester/ Gulino Collection）

意を他のことにフォーカスすることによって、意図的に作品に注意を向けなかった。

抱卵は何人かの科学者によって、重荷をおろし、まさに文字どおり歩み去ることとして記述されてきた。ラボを出て、あるいはコンピュータを閉じて、散歩に行け、シャワーを浴びろ、洗濯をしろ。あなたの心と注意をあなたのストーリー以外のことに向けろ——この段階はその人その人で別々でありうる。大がかりな作品は抱卵のための十分な気晴らしを与えるために二週間の休暇を要求するかもしれない。しかし目の運動についてのデータが示すところでは、この段階が、創造的作品に最終仕上げを施すための「啓発」をもたらす。あるいは、解決を見つける。［図8.3］

突然ひらめいたときの「ああ!」の瞬間

「ああ!」の瞬間（Kounios and Beeman, 2015）は、このような洞察の瞬間を示す脳機能イメージングのデータを提供する。それはいろいろな状況で起こる。問題の解法を発見したり曖昧な視覚情報を解明したり、あるいは聞いたずっと後でジョークを理解するといったときでさえ。それは脳の活動において計測可能な変化だ。活動が局在化されている脳の領域においても、電気的な脳波のかたちにおいても。「啓発」はさらに、意識が一つの解決を手にする重要な瞬間として記述されてきた。創造的思考法（クリエイティブ・シンキング）において、これは、固定した心的状態からの脱出への独自の道を見つけるために、枠組みにとらわれずに思考することとして説明されている。

たとえば、「鼠」、「鋭い」、「青い」といった語が共通に行っていることは何か？　これは創造性を研究している科学者たちが指摘するように「枠組みにとらわれない」思考を要求する。私たちの心の枠組みはあまりにも型にはまっているので、私たちはすぐに「鼠」を「猫」と結びつけ、「鋭い」を「切っ先」と結びつけ、「青い」を「空」に結びつける――何も共通していないではないか？　啓発の瞬間は、それゆえ、認知的な調整を要求する――最初の反応を放棄し、心の枠組みよりも彷徨う心により開かれているようにするために。この「固定」は目の運動にとどまらない。それは心的にあらかじめ組み立てられた構造であり、それを脚本家は逃れられないと思われかねない。「ああ!」という気づきを強いることができる訓練といったものはどこにもないが、ますます多くのデータが示唆しているのは、マインドフルネスの瞑想は、あらかじめ組み立てられた構造を和らげ、啓発をより受け入れやすくする可能性があるということだ［図8.4］。確かに、歴史は次のような

図8.4　『アラビアのロレンス』（62）で劇的に表現された**「ああ！」の瞬間**。一晩中歩き回った果てに荒野に腰を下ろして彼はアカバのトルコの軍事拠点をいかにして奪取すればよいかを理解するに至る。歴史は脚本家がこのような瞬間を描く創造的な決定に至ったプロセスを記録してはくれない。

ストーリーに満ちている。問題が山積みで敗北が確実であったのに、あの予期せぬ、求められていたわけでもなかった啓示が現れ、エジソンが電球を発明した。歴史はまた明らかにしている。エジソンのほとんどとは言わないまでも多くの特許は高い代償を払っており、実際には、最終的に成功した電球による利益を超過していると（Simonton, 1997）。

そんなわけで、ストーリーが物語られ、徹底的な推敲を経て、ようやく最終的な創造的段階、**実証**への準備ができる。

そしてこのようにして循環が一巡し、準備へと回帰する。そこで最終的な作品がチェックされ確証される。しばしば骨が折れ、確かに時間を食うが、この最終段階は次のことを検証する。キャラクターが豊かに息づいており、場面が一貫しており、ゴールが明確に設定され、プロットが命ずるように実現か失敗に到達することを。この最終段階が創造的プロセスをしめくくらなければならない。もちろん、脚本の売却というかたちで、あるいは観客による評価という形での検証を保証することはできないが、創造的プロセスはそのような結果を導きだせるようなやり方において検証され得る。

この章で学んだこと

- **観察**――科学と脚本のいずれの出発点でもある――は、何を人々がしているか（原因）、および彼らがなしとげる帰結（結果）を説明する試みだ。科学も脚本も世界を理解するために行う観察をわかりやすい筋書きにまとめたものだ。
- 左脳が論理を司り、右脳が創造を司るという俗説は脳機能イメージングによって取り払われた。いまや私たちは知っている。**創造性**は脳の半分だけで司るには複雑すぎることを！　**ドーパミン**は創造性に関わる神経化学物質である可能性がある。ドーパミンの超過がファン・ゴッホのような「狂気の天才」の事例に結びついているから――私たちは創造性に関わるドーパミンの流れを制御する知識をほとんどもたないので、科学と脚本執筆が私たちのエネルギーを方向づける**構造化されたフォーマット**をもっていることは幸いなことだ。構造化されたフォーマットはゴールへの必要なステップを提供する。最後を見るだけでは十分ではない。ゴールの状態に到達するためにはシークェンスとシーンについての明確な見通しが必要だ。
- **創造性の諸段階**は、アイトラッキングと脳機能イメージングの研究によって証明されているように、**準備**が第一であると示唆する――調査と情報の収集に時間を費やすことで脚本家が**知っていることを書く**ことができるようにする。これにつづく**抱卵**は〔執筆中の〕脚本から目を逸らすことにある――散歩に出るときの**内向きの視線**――脚本に別のありうるフォーカスを当てることによって豊かにすること。**啓発**は枠組みにとらわれずに考える段階であり、命令によってなされることはできず、**心のさまよい**によって育まれれば、脚本を行き詰まりあるいは心の枠組みから抜け出させることができる。そして最後に、とはいえゆめゆめ軽んじてはならないのは検証だ。これが意味するのは、一連のサイクルを見直し、リライトにさし戻すことだ。事実とキャラクターの行動が一貫しており、すべてのシーンが一つのストーリーを伝えているかを確認するために。

脚本検診——スランプというものは存在しない

心身ともに執筆が困難なときに書き始める一つのきわめて効果的なやり方は、コンピュータの前に座って不平を言うことだ——すなわち、いま抱いている不平を入力してほしい。なぜストーリーがうまくはこばないのか、なぜ自分は行き詰まっているのか、なぜストーリーが一度はピンときたのに嫌いになったのか。一ページぶんの不平について打ち込んだら、おそらく毎回わかるだろう。あなたがいまや創造的な〔エネルギーの〕流れの中にいることを。問題に圧倒されるのではなくむしろそれを解きつつあることを。

書くことの流れを、何回にもわたる脚本執筆において、その期間中ずっと維持するためのもう一つの有益なテクニックは、はっきりと思い描いたことは、終わりまで書いてしまうことをがまんすること。私たちはよく進行中のシーンの内容がどう展開するかについての気づきを、そのシーンを書いているうちに得ることがある。それがすぐあとのシーンでの展開ではないにしても。そういうときは、現行のシーンの終わりまでずっと書いて夜に推敲するのではなく、そのシーンのうちのいくつかを書かないでおき、次回の執筆のためのガイドとしていくつかのメモを残しておくのがべストだ。このやり方は、次回の執筆時により容易にストーリーの筋を思い出せるようにするだろう。そしてその先のシーンへと跳躍できるようにするだろう。

しかしもう一つだけ、行き詰まったと感じたとき、流れを維持するために使えるシンプルなテクニックがある。自分がその映画を見ている観客だと想像して、次のように考えること。「何を私は望んでいるか？　何を私は恐れているか？」。

原注

（1）Jose Quintero, *Lecture* (New York: Colombia University, October, 1980).

（2）Edward O. Wilson, *The Social Conquest of Earth*, (New York: W.W. Norton, 2012), p. 8.〔エドワード・O・ウィルソン『人類はどこから来て、どこへ行くのか』（斉藤隆央訳、化学同人、２０１３年）、３頁〕

（3）Robert McKee, *Story: Substance, Structure, Style, and the Principles of Screenwriting* (New York: HarperCollins 1997), pp. 73–74.〔ロバート・マッキー『ストーリー――ロバート・マッキーが教える物語の基本と原則』（越前敏弥訳、フィルムアート社、２０１８年）、94頁〕

第9章 構成の問題

あるいは、脚本が売れるためにはいくつの幕が必要か？

いかにルールを守るかを知るまではルールを破らないことが賢明だ。[1]　――T・S・エリオット

われわれ著者の望みは、人間が映画を知覚し情報処理する原則を理解することによって、本書が脚本家と映画監督のスキルを高め、脚本あるいは映画作りへの旅の途上で受け取るであろう、さまざまな矛盾したアドバイスの海をうまく泳ぎ渡っていける力を身につけてもらうことだ。人はいかにして有益なものとそうでないものを見分けるか。何が根本的で何が単に目先の流行かを。この観点から、いくつかのポピュラーなアドバイスを吟味することは有益であると思われる。

シド・フィールドは一九七九年に刊行した『映画を書くためにあなたがしなければならないこと――シド・フィールドの脚本術』において「三幕構成」と呼ばれるようになったものを有名にした。その一年前、このコンセプトはヴァージニア・オーキーとコンスタンス・ナッシュによる『The

Screen Writer's Handbook（脚本家のハンドブック）』において詳述された。それ以前にそれは何年も手つかずになっており、しばしばアリストテレス自身の『詩学』における始めと中間と終わりという観念まで遡る必要があった。シド・フィールドは幕を機能によって割り振った。第一幕は「状況設定」、第二幕は「葛藤」、第三幕は「解決」。

次の十年間は、『千の顔をもつ英雄』の著者ジョーゼフ・キャンベルの仕事が、彼の人生と作品についての二つのテレビシリーズを通して広く知られるようになった。一九九〇年代、クリストファー・ボグラーがキャンベルの仕事とカール・G・ユングの仕事に基づき『The Writers' Journey: Mythic Structure for Writers（作家の旅：脚本家のための神話的構造）』（一九九八年）〔邦訳『神話の法則』〕を出版した。ここでボグラーは、キャンベルによるストーリーにおける具体的なキャラクターと段階を表す原則〈英雄の旅（ヒーローズ・ジャーニー）〉を説明している〔以下の十二のステージで進む〕。

1　日常世界
2　冒険への誘い
3　冒険の拒否
4　賢者との出会い
5　戸口の通過
6　試練、仲間、敵
7　最も危険な場所への接近
8　最大の試練

9　報酬
10　帰路
11　復活
12　宝を持っての帰還

ボグラーは三幕構成を維持し、第一幕を第五段階で終わり、第二幕を第十段階で終わるものとみなす。(2)

このようなリストは野心的な脚本家にとって天の恵みのようなものだ。なぜならほとんど無限の数の方法によって白紙から一つのストーリーを発展させることができるからだ。それは選択肢の大幅な絞り込みを可能にする。この普遍的なストーリーのパターンに自分のアイディアを接続すればうまくいく。

問題はもちろん、このパターンに従わないきわめて多くの成功した映画についてはどう考えるべきかということだ。そして群から抜きん出た独創性の問題についてはどう考えるべきか。野心的な脚本家あるいは監督にとって、インパクトを得るには他人と違っていなければならない。もし誰もが同じ「ルール」に従うなら、それはどのようにして可能だろうか？　実際、ピーター・シューダーマンは、二〇一三年にオンライン・マガジンの『SLATE』に記事を書き、『SAVE THE CAT の法則』の人気が「すべての映画が同じに感じる」状況に陥ると、遺憾の意を表明している。(3)

ボグラーさえかなり言葉を濁す。

〈英雄の旅〉のモデルは一つのガイドラインだ。それは料理本のレシピや数学の公式とはちがってあらゆるストーリーに厳格に適用されるべきものではない。効果的であるために、ストーリーはこの、あるいは他のどんな流派も枠組みにも分析のメソッドにも従う必要はない。ストーリーが成功しているかあるいはすぐれているかという究極的な基準はなんらかの既成のパターンに応じるものではなく、その人気が末の世まで続き、観客に効果を及ぼすかどうかである。〈英雄の旅〉のあらゆる側面をそなえているわけではないすぐれたストーリーを書くことは可能だ。事実、それができればそのほうがよい。人々は慣れ親しんだ慣習を見るのが好きであり、期待が創造的に裏切られるのが好きだ。ストーリーはあらゆる「ルール」を破り、それでもなお普遍的な人間的感情に触れることができるのだ。[4]

もっと先で彼は指摘する。「〈英雄の旅〉のどんな要素も、ストーリーのどの地点においても現れることが可能だ[5]」。もし私たちが、普遍的にアピールするけれども順序を任意に入れ替えることのできるストーリーの枠組みを手にしていれば、そしてパズルのいくつかのピースがあって別のがなければ、そしてそれが普遍的な人間的感情に触れる効果をもつことができれば、その諸原則に従おうと従うまいと、おそらく自分の選択肢を絞ることにおいて結局それほど有益ではない。確かにそれはいろいろなストーリーについてのより深い思考のきっかけを提供してくれるかもしれないが[6]。

こうしたストーリーの枠組みによって映画を分析することは、ひとつのチャレンジでありうる。なぜならこれらのいろいろな段階は、バラエティに富んだ解釈を受け入れることが可能だからであり、もしそれらの順序がうまくアレンジし直されれば、すべてのうまくいく映画は〈英雄の旅〉に合致するものであると言うことができるかもしれない。

ボグラーのアドバイスに奴隷のように従う脚本家たちに対して不安よりも期待を抱いているのは、ブレイク・スナイダーだろう。彼は二〇〇五年に『SAVE THE CAT の法則』を書いた。この本は大きな影響力をもっている。スナイダーは「ブレイク・スナイダー・ビートシート」（ＢＳ２）*のアウトラインを示し、もしあなたが、あなたが書こうとするジャンルの映画を六本か十二本も見れば、これらの映画のビートが魔法のように「ＢＳ２にマッチしている」のがわかると自信たっぷりだ。[7]〔以下がスナイダーが分類した十五のビートである。〕後にある番号はそのビートが起こるページを示している。

＊　ブレイク・スナイダー・ビート・シート（ＢＳ２）
ブレイク・スナイダーの確立した独自の物語構成用のテンプレートのこと。シド・フィールドの三幕構成をさらに発展させ、物語の構成を15のビートに分解する、というきわめて具体的なテンプレートであり、物語の前提として主人公やその問題点を示す「準備段階」、物語の目的として問題が生まれる「対立」のフェーズ、最終的に問題の「解決」が示される、という三つの構造（スリーアクション）でストーリーを組み立て、このスリーアクションをさらに15のビートに細かく分類し、脚本に当てはめていく。詳細は、ブレイク・スナイダー『SAVE THE CAT の法則――本当に売れる脚本術』（菊池淳子訳、フィルムアート社、２０１０年）参照。

1 オープニング・イメージ（1）
2 テーマの提示（5）
3 セットアップ（1〜10）
4 きっかけ（12）
5 悩みのとき（12〜25）
6 第一ターニング・ポイント（25）
7 サブプロット（30）
8 お楽しみ（30〜55）
9 ミッド・ポイント（55）
10 迫り来る悪い奴ら（55〜75）
11 すべてを失って（75）
12 心の暗闇（75〜85）
13 第二ターニング・ポイント（85）
14 フィナーレ（85〜110）
15 ファイナル・イメージ（110）(8)

これらのビートが意味するものについての詳細に深く立ち入ることはしないが、確実に言えるのは、これらのビートにマッチしていないのに大成功を収めた映画はたくさんあるということだ。『スター・ウォーズ』（77）――第10章を見よ――はそのうちの一本だ。

以上の脚本の枠組みの二つの事例において（他にもたくさんのものがある）、私たちはルールを手にしている。ということは、明らかにルールを破り、なおかつ成功した映画監督たちがいることを私たちは知っている。そして初心者がルールに従う他の人たちから抜きん出る必要と、何がルールであるかについての見解の不一致を。

こうした矛盾からの出口は、まず脚本家／映画監督は観客におよぼしたいと思う効果を、特定のパターンに従うことに優先させること。そして次に「ルール」をより深く理解すること。さらに、どれが習慣と慣習（スキーマ）に根ざすものであり、どれがよりベーシックな人間の生理に根ざすものであるかを識別することだ。［図9.1］

もっと深く掘ること

ここで参照したストーリーの枠組みのいずれも、観客の注意のプロセスについての科学的説明という観点から吟味することが可能だ――なぜ観客は眠り込むのではなく夢中になるのか。あなたのストーリーは三つの幕をもつべきなのだろうか？　ほとんどの人はイエスと言う。それを批判する人たちもいるが。[9] それは実際にどのように三幕構成を定義するかにかかっている。もしそれが観客のうちに緊張を生み出す手段として厳密に定義されれば――すなわち、第一幕で観客は、誰がメインキャラクターで、その人が何を欲しており、それに対してどのような障害があるか（このように葛藤からサスペンスを作り出すこと。第7章参照）を学び、そして第二幕でメインキャラクターはゴールに到達するために闘い、障害（緊張それ自体）を克服し、第三幕はその緊張を解消あるいは解

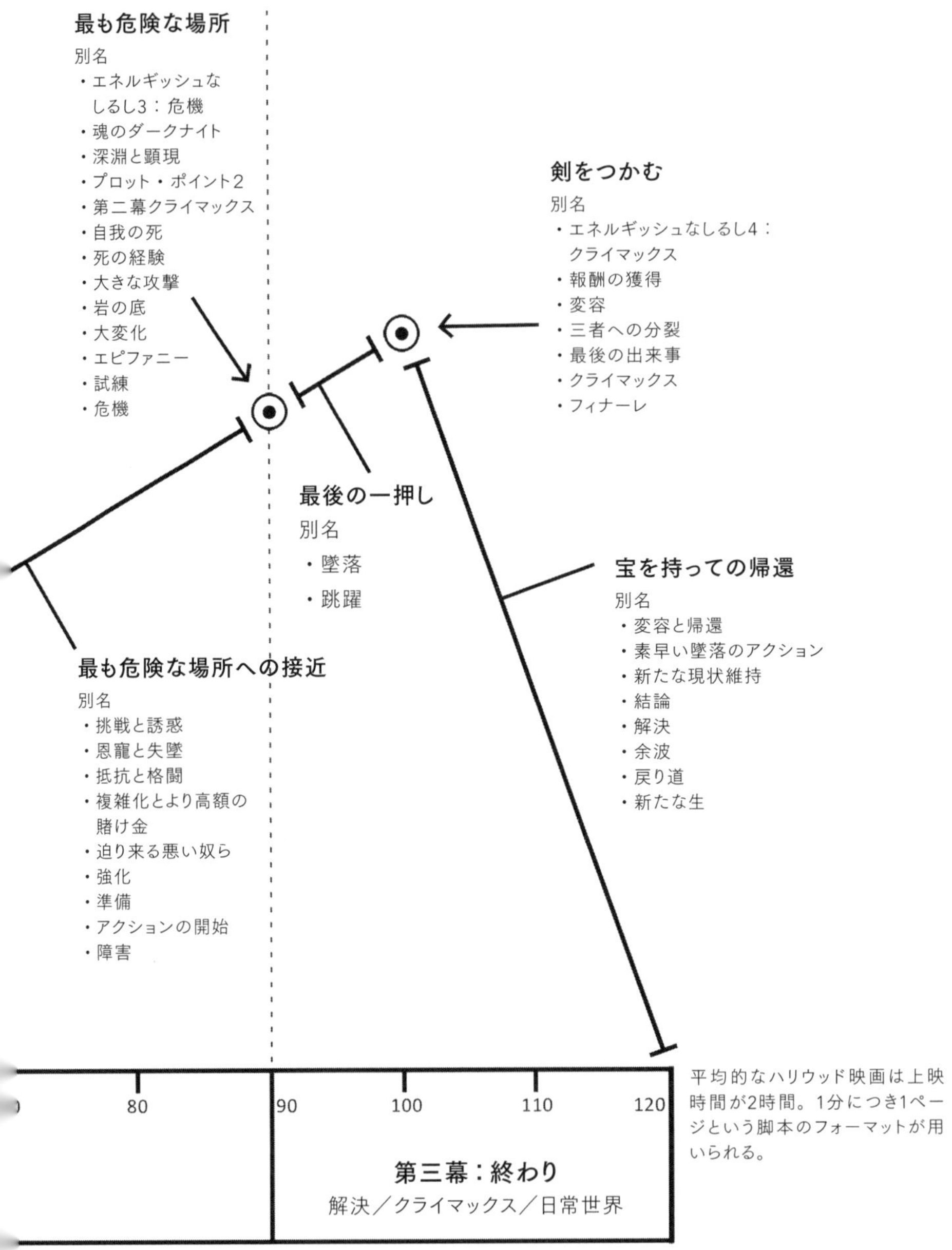

出典：Alderson, Martha. *The Plot Whisperer: Secrets of Story Structure Any Writer Can Master* (New York: Adams Media, 2011), Campbell, Joseph. *The Hero with a Thousand Faces. Second Edition* (Princeton: Princeton University Press, 1968), Chapman, Harvey. "Not Your Typical Plot Diagram." Novel Writing Help (2008-2012. Web. 6 Oct. 2012), Field, Syd. *Screenplay: The Foundations of Screenwriting.* Revised ed (New York: Delta, 2005), Gulino, Paul. *Screenwriting: The Sequence Approach* (New York: Continuum, 2004), Hauge, Michael. *Writing Screenplays That Sell* (New York: Collins Reference, 2001), Marks, Dara. *Inside Story: The Power of the Transformational Arc* (Ojai: Three Mountain Press, 2007), McKee, Robert. *Story: Substance, Structure, Style and the Principles of Screenwriting* (New York: IT Books, 1997), McManus, Barbara F. *Tools for Analyzing Prose Fiction.* College of New Rochelle (Oct. 1998. Web. 11 Sept. 2012), Snyder, Blake. *Save the Cat!: The Last Book on Screenwriting You'll Ever Need* (Studio City: Michael Wiese Productions, 2005), TV Tropes. *Three Act Structure.* TV Tropes Foundation (26 Dec. 2011. Web. 11. Sept. 2012), Vogler, Christopher. *The Writer's Journey: Mythic Structure for Writers.* 2nd Edition (Studio City: Michael Wiese Productions, 1998), Williams, Stanley D. *The Moral Premise* (Studio City: Michael Wiese Productions, 2006)

アークプロット構造

（あるいは、古典的プロット、英雄の旅、ゴールをめざすプロット、アリストテレス的ストーリー形態、エネルゲイア・プロット、ハリウッド脚本構造）

アークプロットはゴールをめざすプロットである。そこでは「ある出来事によって、人生の均衡がよいほうか悪いほうへ傾くと、もとへもどしたいという意識的欲求や無意識的欲求が生じ、敵対する力（内的、個人的、非個人的）に抗って欲求の対象を追う探求をはじめる。達成できるかどうかはわからない」（ロバート・マッキー『ストーリー』258頁）。作品例：『トイ・ストーリー』『ゴッドファーザー』『バック・トゥー・ザ・フューチャー』『スター・ウォーズ』など（ほとんどのアメリカのハリウッド映画はアークプロットを使う）。原作例：『ハリー・ポッター』（ローリング）、『ハンガー・ゲーム』（コリンズ）、『スピーク』（アンダーソン）、『高慢と偏見』（オースティン）、『ハムレット』（シェイクスピア）、『オデュッセイア』（ホメロス）ほか。

「私はかつてビリー・ワイルダーのマスタークラスを受講したが、彼が言うには、映画の第一幕においてあなたはあなたのキャラクターを木に登らせ、第二幕で木に火を放ち、そして第三幕で彼を木から下ろす」── ゲイリー・カーツ、映画製作者

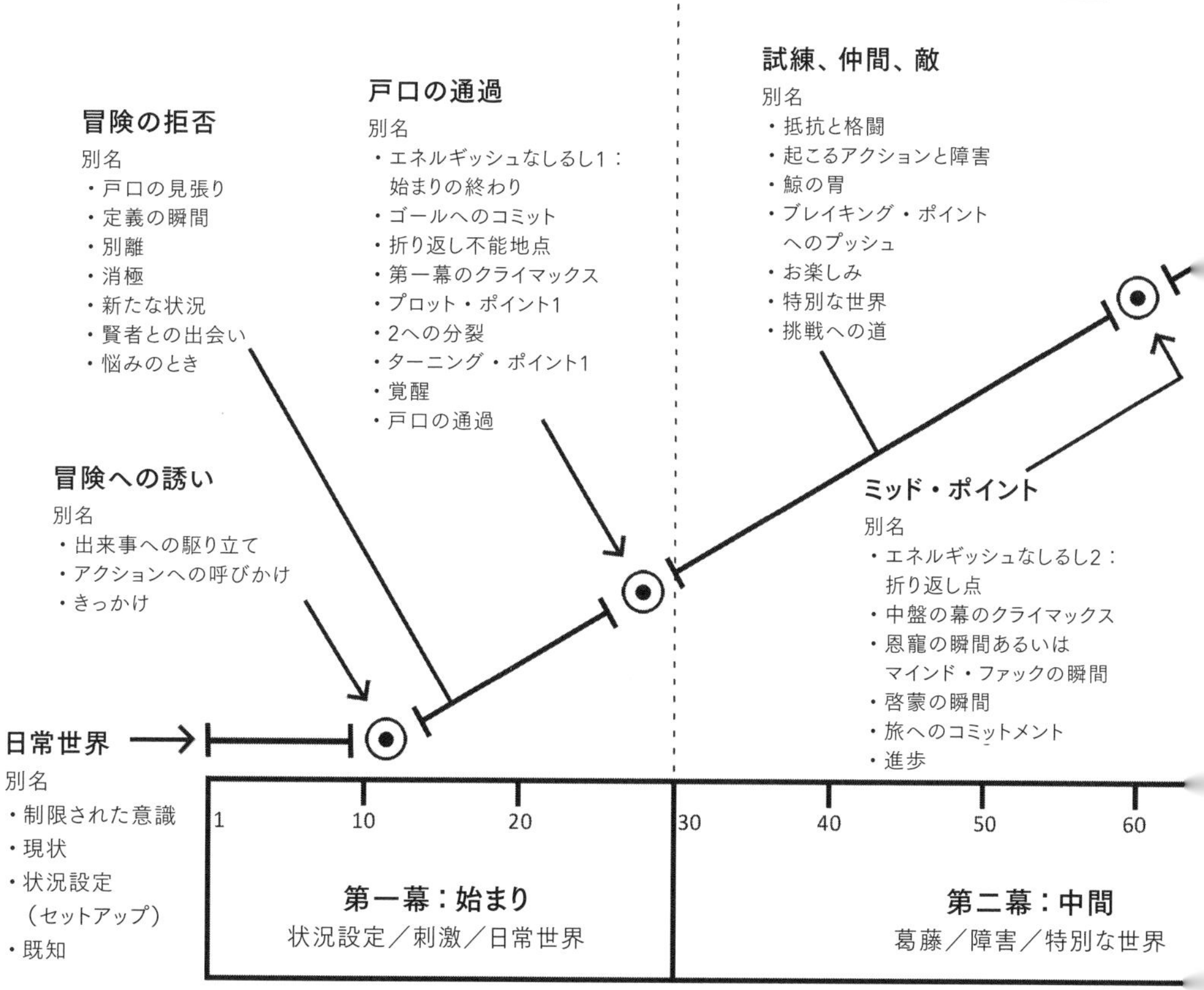

図9.1　作家のイングリッド・サンドバーグは13もの別々のソース（ガリーノのシークェンス・アプローチを含む）からの用語を組み合わせてひとつの驚くべきアークプロット（archplot）〔いつの時代にも通用する「古典的設計」のプロットの原則。「アーク」は「同種の他のものよりも勝る」の意〕のダイアグラム「アークプロット構造」を作った〔アークプロットを11のストーリービートに分解した図〕。自信のなさゆえではない。これに関係した神経科学を理解することは、脚本家がどのアドバイスが重要でどのアドバイスは無視しても安全かの判断を可能にする。これらのモデルの全般的な類似性は、より深遠なある真実を語っている。観客に対して功を奏した仕組みが成功するのは、その仕組みが、いかにして人間が刺激を知覚し処理するかに適っているからということだ。（© Ingrid Sundberg 2013）https://ingridsundberg.com/2013/06/05/what-is-arch-plot-and-classic-design/

放するのだが、すると脚本家の選択は以下のようになる。観客を物語の要である緊張に巻き込みたいのか？　もしそうなら、三幕構成は勝利をもたらす選択のようにみえる。実際には、それが唯一の選択だ。

〈英雄の旅〉はどうか？　その第一段階である「日常世界」が観客に自分自身を知ることを可能にし、キャラクターとの感情的なつながりを生み出す。そのうえ、もし脚本家が観客を夢中にさせ、緊張を味わわせることを選ぶなら、そのようなつながりは重要だ（第2章参照）。しかし最初の三段階もまた葛藤を含み、それは仮説あるいは前頭葉のレベルで脚本を生み出す活動の源泉であり、それは観客を夢中にしたままにする。それゆえここで重要なのは特定の順序やそれらがどう呼ばれるかではなく、そこに関わる葛藤が観客を夢中にするという事実だ。〈6試練、仲間、敵〉、〈7最も危険な場所への接近〉、〈8最大の試練〉——すべてが葛藤を含む——のステージでは実際に葛藤をエスカレートさせる。もし葛藤がエスカレートすれば、それは観客の知覚的・認知的システムにコントラストを提供し、私たちを同様に夢中にさせたままにする（第3章を参照）。〈10帰路〉と〈12魔法の薬を携えての帰還〉は、第2章において進化の適用として論じられたキャラクターアーク／人生の教訓と調和する。なぜこれらのパターンの各ピースが観客に効果を及ぼすかは神経学的観点から理解可能だ。そしてボグラーのアドバイスに従えば、なぜ人が交わり戦うことができるかも理解できる。ここで重要なのはこれらのいろいろなストーリーのビートの効果であり、もしあなたが同じ役割を果たす他のビートを見つけることができれば、あるいはそれらの時間的順序を動かせれば、そしてそのうえでそれらの効果を保持できれば、あなたは「ルール」を「破り」、しかもまだ観客と〔感情的に〕つながったままでいられる。

人々はさまざまな神話のいくつかの神秘的な性質ゆえに神話的構造に反応するのではない。むしろ、神話的構造が私たちの知覚‐認知システムのいくつかの側面をさぐりあてており、それと響きあうからだ。

ブレイク・スナイダーのビートシートも同じ観点から見ることができる。ビート1、2、3の〈オープニング・イメージ〉、〈テーマの提示〉、〈セットアップ〉はメインキャラクターへのつながりとキャラクターアーク（第2章）に役立つ。〈オープニング・イメージ〉は「観客がこれから一緒に旅をする主人公の〝使用前〟の映像を見せる場なのだ」。そして〈ファイナル・イメージ〉によって締めくくられ（ビート15）、〈オープニング・イメージ〉の逆のイメージにたどりつく。[10]ビート4、5の〈きっかけ〉と〈悩みのとき〉は、葛藤を導入し、サスペンスを生み出す（第7章を参照）。それはビート6において始められる（〈第一ターニング・ポイント〉）。ビート8は〈ミッド・ポイント〉で、コントラストを生み出す。

主人公はこの《ミッド・ポイント》で〈絶好調〉になる（実は見せかけだけの絶好調だが）。もしくはこれ以上悪くなりようがないほど〈絶不調〉になる（これも見せかけだけの絶不調だが）。……とにかくここをきちんと押さえておけば、壁に釘を打ったように安定する。[11]

ビート10〈迫り来る悪い奴ら〉と11〈すべてを失って〉と12〈心の暗闇〉は、もちろんすべて葛藤とコントラスト（ビート11は8〈ミッド・ポイント〉の反対だ）を含む。ビート14〈フィナーレ〉は、キャラクターアーク（第2章参照）を完成する。「教訓を学び、主人公の直すべき点が直る[12]」。

〈英雄の旅〉のように、もし脚本家が観客を夢中にさせる最初の手段として緊張を使用するなら、脚本家は単に観客にキャラクターとの絆を作らせ、緊張を設定させるいくつかのシーンと瞬間を必要としているだけだ。もし観客の注意を維持したいなら、脚本家はそれを葛藤とコントラストを通して操作する必要があるだろう。人から紹介された、〔ストーリーの〕構成の理論にアプローチする最良の方法は、それを次の観点から吟味することだ。それは観客の注意を操作するか、そしてもしそうなら、いかにして操作するのか。そして、そのすべての要素が、注意の維持がなしとげられているかぎり不可欠なのか、それとも可変的なのか？

ルールを破ること

ある種のストーリーの枠組みを支えている生理学的および心理学的理由を理解することで、脚本家はそれらの枠組みに違反し、観客の注意をコントロールしつづける力を手に入れる。しかしときどきこれらのパターンないし枠組みがスタンダード化されるのは確かだ。なぜならそれらはうまくはたらくからだ。この事例では、ルールを破る前にルールを学び知れというT・S・エリオットの洞察の鋭いところは、スキーマによって生み出される観客の期待も、これらのスキーマに違反することが観客におよぼす効果も、両方とも理解していることにある。

第1章で議論されたように、スキーマは例外を生み出す（スキーマのスクリプト）。華やかにラッピングされたプレゼント、リボン、風船、紙のお皿、キャンドルを刺したケーキがある部屋の情景は「誕生日パーティー」というスキーマを示唆するだけでなく、次に来る出来事への期待をも示唆

図9.2　『モンティ・パイソン・アンド・ホーリー・グレイル』（75）より。沼城の王（マイケル・ペイリン）は笑いをとるためにミュージカルのスキーマのスクリプトを破壊する。成功したスキーマのスクリプトの破壊の他のいくつかの例は第1章に見られる。

する。ゲストの到着、ゲーム、歌、キャンドルの吹き消しといったものだ。このように物体は期待を生み出す。

映画の中でキャラクターが実際にその場に流れていない音楽の伴奏で突然歌い出すとき、私たちは「ミュージカル」というスキーマを認める。それは私たちが親しみをもつようになったパターンであり、そのパターンを私たちはどこからともなく音楽が聞こえてきて人々がそれに合わせて歌い踊るのを変だと思うことなしに受け入れる。ミュージカルを作りたいと思う人はこのスキーマに従わねばならない。とはいえ、もちろん、彼らがコメディアン集団のモンティ・パイソンであれば、その場合、スキーマを破り、それから離れることが可能だ〔図9.2〕。この場合、監督は望んだ効果を実現するために、スキーマについての観客の知識を利用する。その効果とは、歌を邪魔することで笑いを生み出すことだ。脚本家／監督が出したいと望む効果は、このように物語を語る方法の選択を最終的に決定する要因であり、与えられた公式やパターンやスキーマではないし、なんらかの特定のマニュアルが命ずるようなことでもない。

映画監督のアルフレッド・ヒッチコックは極度にうまく組み立てられたスキーマを破ることで『サイコ』（60）の効果を強めることに成功した。その場合のスキーマはこうだ。観客は一人の主人公のいる映画に慣れている。そこでは主人公は映画のあいだじゅうずっと生き残り、あるいは、まれなことではあるが、映画の最後の方で死ぬ。誰もこんな映画を撮ったことはない（ネタバレ注意！）、主人公が映画が半分もいかないうちに死んでしまうのだ。

メインキャラクターにつながりをもつことについての科学があるとすれば、キャラクターが映画のあいだずっと、もしくはほとんど生き延びることは、観客の注意を維持するのを助けることに役立つ。このようにしてメインキャラクターが死ぬ瞬間に、観客の注意は、なんらかの他のツールが使用されなければ失われるだろう。この場合、ヒッチコックはかなりの上映時間を費やしてノーマン・ベイツというキャラクターが彼の母がしたことの後始末をするのを見せ、観客が彼につながりをもつチャンスを与える。というわけで、観客は序盤はこれを四万ドルの金を盗んで逃げる若い女性についての映画であると思っていたのが、映画のほぼ中盤で母親の犯罪の尻拭いをしようとする青年についての映画に変貌する。観客の注意は維持される――そしてスキーマの違反が映画史上もっとも記憶に残る衝撃的な場面の一つを作り上げる。

脚本執筆と映画制作にアプローチするための――そしていかに他人とは違って、なおかつ実力者でいられるかという難問を解くための――最良の方法は、ルールという観点からではなくむしろ**効果**という観点から考えることだ。つまり、脚本家／監督が観客にいかなる効果をおよぼしたいのかということだ。このことが脚本家／監督が（単にルールに）従う人から真のクリエイターに変貌することを可能にする。観客にいかにして影響をおよぼすかについて決定をくだすクリエイターだ。本書はいかにして観客が映画に反応するかについてのいくつかの方法を紹介している。それらをいかにイマジネーション豊かな斬新なやり方で使い、記憶に残る、おそらく観客／読者の人生から消し去ることのできない瞬間を生み出すのかは、脚本家と監督にかかっている。

原注

（1）T. S. Eliot, "The Art of Poetry No.1," *The Paris review* 21 (Spring-Summer 1959).

（2）Christopher Vogler, *The Writer's Journey: Mythic Structure for Writers*, 3rd ed (Studio City, CA: Michael Wiesse Production, 2007), p. 8.〔クリストファー・ボグラー『神話の法則――夢を語る技術』（岡田勲監訳、講元美香訳、ストーリーアーツ&サイエンス研究所、２００２年）。本書引用文の邦訳は本書訳者による〕

（3）Peter Suderman, "Save the Movie!," *Slate* (2013). 以下で参照可能。https://slate.com/culture/2013/07/hollywood-and-blake-snyders-screenwriting-book-save-the-cat.html

（4）Vogler, *The Writer's Journey*, p. 232.

（5）Vogler, *The Writer's Journey*, p. 234.

（6）ガリーノは二十年の教育経験から、このアプローチについて知っている学生はボグラーのアドバイス以上にそれに隷従する傾向が確実にあることを発見した。そしてそのようにしてそれは彼らのストーリーを発展させるさいに彼らの知覚された選択肢を狭める傾向がある。

（7）Blake Snyder, *Save the Cat!: The Last Book on Screenwriting You'll Ever Need* (Studio City, CA: Michael Weise Productions 2005), p. 96.〔ブレイク・スナイダー『SAVE THE CATの法則――本当に売れる脚本術』（菊池淳子訳、フィルムアート社、２０１０年）、１４３頁〕

（8）Snyder, *Save the Cat!*, p. 70.〔同、112－113頁〕

（9）John Truby, "Why the 3-Act Structure Will Kill You." Raindance (2013). 以下で参照可能。https://www.raindance.org/why-3-act-will-kill-your-writing/

（10）Snyder, *Save the Cat!*, p. 72.〔前掲書、115頁〕

（11）Snyder, *Save the Cat!*, p. 82.〔同、127頁〕

（12）Snyder, *Save the Cat!*, p.90.〔同、134頁〕

第10章

神経科学で読みとく『スター・ウォーズ』

あるいは、ジョージ・ルーカスはいかにやり遂げたか

『スター・ウォーズ』(77)は歴史を作った映画であり、およそ映画が動員しうるだけの観客数を動員している。本作は一九七七年の公開時だけでなく、それ以降もずっと観客の知覚・認知システムに影響をおよぼすという快挙を成し遂げてきた。そのやり方は四十年間、一度も流行遅れになったことがない。このシンプルなやり方を真似れば、あなたも四百億ドルを稼ぎ出せるかもしれない(1)。

冒頭字幕

状況説明を扱った第4章で論じたように、『スター・ウォーズ』はインフォダンプから始まる。

——一九三〇年代の連続映画の記憶も豊かなタイトル字幕だ［図4.1］［図4.2］。人間の知覚的・認知的システムはこのような大量の情報を簡単には吸収できないという事実を考えると、これは映画をだめにしかねない不利な戦略に思える。それならなぜだめにならなかったか？　その答えは数分後に出される。

オープニングのドラマティックなシーンはダイレクトに葛藤に関わる（第7章）。この場合はチェイスだ。小さな宇宙船が大きな宇宙船から逃げている。私たちはまだどのキャラクターに対しても絆を作るチャンスを得ていないのに、サスペンスがただちに生み出される。その小さな宇宙船が逃げられるかどうかというサスペンスだ。このように期待によって観客を釣ること。宇宙船のサイズがまったく異なっていることを考えれば、コントラストの使用も明らかだ（第3章）。

小さな宇宙船の内部へのカットも含めて、この闘いで提示されるアクションを見れば、いかにルーカスがインフォダンプから身を遠ざけたかがわかる。必要な情報はすべてくりかえされるだろう。ずっと（人間にとって）咀嚼可能なかたちで。すなわち、一度にひとかけらずつ。[2]

キャラクターの一人は、のちにC－3POとわかるが、姫の運命について予告——宙吊りの原因——をする（「今度ばかりは姫に逃げ場がないだろう」）。このように、もし冒頭の字幕においてレイア姫についての小さな言及を見逃しても、あなたはきっとそのあたりに姫が逃げ回っているという最低限のことを知る。

小さい方の宇宙船が着陸すると、接近戦の闘いが始まる。ここでの葛藤は明らかだ。結果が疑われるのはほんの短い間だけだ。出てくる武器は観客が見たこともないタイプのものだがそれらがありふれた火器に似ていることで観客がアクションを理解するために必要なスキーマが与えられる。

図10.1　ダース・ベイダーの登場。純白対闇の視覚的なコントラストに注意。それとわかる服装をまとってはいないが、彼に対する隊員たちの畏敬を帯びた態度が観客に手がかりを差し出す。それはトップダウンの情報処理を通して彼がリーダーだという私たちの結論を導き出す。以下の場面写真はすべて『スター・ウォーズ』（77）より。

銃撃戦というスキーマだ。

　ダース・ベイダーの到着によって、コントラストの使用はふたたび明らかになる。彼は黒い服をまとっているが、彼の配下の兵士はみな白い服だ。映画ははっきりとは彼をリーダーと特定しないし、彼は観客が軍のリーダーと関連づけるような軍服をまとっていないが、監督は彼の役どころの目印となる他の手がかりによって観客の理解をあてにする。すなわち、彼が他の人たちから受ける待遇だ［図10.1］。

　映画はここでレイア姫のショットに切り替わるが、彼女の正体ははっきりと明かされない。ふたたび、彼女が誰かを伝えるために手がかりが使用される。すなわち、彼女の服とふるまいだ。これはくりかえされる重要な情報だ。最初はインフォダンプの中で、次にセリフの中で、そして最後に本人の登場によって。彼女は何かをアンドロイドの中に差し込もうとしている。このアンドロイドはのちにR2－D2だとわかる。それから消える。この予期せぬアクションは、観客の前頭葉にためておいて反芻すべき手がかりを提供する。

C－3POが自分とR2－D2が粉々にされて捨てられると予言したあと（宙吊りの原因）、秘密の設計図の問題がふたたびもちあがる。ダース・ベイダーが反乱軍の一人にそのことを尋ねるのだ。このようにしてふたたび、もしこの設計図が何であるかをインフォダンプの中で理解し損ねても（あるいはインフォダンプが明らかにされるときにポップコーンを買いに外に出ていたとしても）、情報はここではあなたのために親切にくりかえされる。このシーンが終わるのは**鉤《フック》の台詞**によってだ。それは宙吊りの原因の一形態であり、二つのシーンの間で原因と結果を観客が結びつけるきっかけになる。すなわちダース・ベイダーが部下たちに命令するのだ。「設計図が見つかるまで艦内を徹底的に捜索するのだ。そして乗組員を連れてこい。生きたままで！」。これにつづくハイピッチの行動は宙吊りの原因の帰結だ。

ここでは緊張はレイア姫が追っ手を逃れるかどうか、彼女が捕まったとき速やかに解放されるかどうかという問いから生まれる。そのすぐあとに、もう一つの短いチェイスが起こるが、これはもっとポジティブな結果に終わる。二体のアンドロイドが反乱軍の宇宙船から無事に逃げるのだ。レイア姫はいまやダース・ベイダーのところへ連れて行かれ尋問され、インフォダンプがふたたびおさらいされる。反乱軍と秘密の設計図についての言及がふたたびあり、これに、さらなる宙吊りの原因が続く。それは設計図を見つけ出せというダース・ベイダーの命令というかたちをとる。それは、観客が知っているように、アンドロイドたちのところにある。

このように、映画が始まって九分ほどで、私たちは最初のシークェンスの終わりを迎える。このシークェンスは二つの要素によって結ばれている。バトルとチェイス／姫の逃亡と設計図だ。チェイス／逃亡は観客にとってサスペンスを生み出し、観客が可能性のあるシナリオを創造するきっかけとなる。反乱軍が勝つかもしれないし、負けるかもしれない。レイア姫は脱出するかもしれないし、しないかもしれない。アンドロイドたちは脱出するかもしれないし、しないかもしれない（第7章参照）。アクション全体が、しばしば並行してさまざまなキャラクターを追いつつも、原因と結果のパターンをたどり（第5章参照）、そのような原因と結果のパターンを探そうと待ち構えている観客を安心させる。注目すべきは、観客が感情的な絆を生み出すことのできるメインキャラクターがまだ現れないこの時点で、二体のアンドロイドがきわめて人間的で共感できる性格を見せ、この短いシークェンスの間ずっと、感情的な絆を生み出すに十分であることだ。

シークェンスの終わりは惑星の地表への移動によって示される。そこでは観客の脳を「リセットする」ために、コントラストが使われている（第3章参照）。宇宙の暗黒は明るい空と砂と対照される。大音量の音楽が弱まって静かな主題に切り替わる。

中古アンドロイドの売り込み

アクションはC－3POとR2－D2の口論（葛藤）とともに始まる。私たちはR2－D2の言葉がわからないが、差し出される手がかりをつなぎあわせて会話を再構成することができる。構築主義的心理学という人間の能力を利用するのだ――人間がどのように会話するかについてのトップダウンの情報によって、差し出された情報のギャップを埋めることだ。C－3POの台詞は五つの宙吊りの原因を含む。その一つは警告で（「ついて来ないでくれ。助けてなんかやらないから」）、四つは予告だ（「ばらばらにされる前に休まなければ」「岩が多すぎる。こちらの道の方が進みやすい」「おまえは今日中に故障するだろう」「なぜあそこに街があると思うんだ？」）。葛藤は緊張を生み、シナリオを作り出させる。宙吊りの原因はこれから何が起こるかを推論するよう努めるとき私たちの前頭葉がしがみつく鉤《フック》となる。

二体のアンドロイドが途中まで行ったすぐあとに、C－3POは乗り物を見つけ、それに向かって手を振る。これはさらなる宙吊りの原因だ。私たちは彼が乗り物に拾われるところを見ないが、そのような帰結の可能性はそのような状況についての私たちのトップダウンの理解から引き出すことができる。

このあと、コントラストがふたたび用いられる――明るい日差しが深い黄昏に変わる。R2－D2が岩地を行く――数シーン前に生み出された宙吊りの原因がここで終わる。つまり、岩についての予告だ。ジャワ〔エイリアン〕たちが現れてR2－D2を取り囲む高地からこっそり見張る。私たちのトップダウンの認知的情報処理は「罠だ」という信号を送り、結果はすぐあとに明らかになる。R2－D2は故障し、乗り物に連れ込まれるのだ。〔図10.2〕

暗闇から光へのコントラストが次のシーンへの移行において使われる――乗り物の内側から明るい砂漠の風景への移行だ。ストームトルーパー〔機械化歩兵〕たちが二体のアンドロイドを探している。ここで最初のシークェンスからの宙吊りの原因が拾い上げられる。設計図を取り戻すために惑星に分遣隊を送れというダース・ベイダーの命令だ。ストームトルーパーの一人が手がかりを拾い上げる。「ごらんください――ドロイド〔アンドロイドないしロボット〕たちです」。

この情報はオープニングのシークェンスでセットアップされた追跡／逃亡のサスペンスを強め、

図10.2　R2-D2とC-3POの最初の方のシーンは葛藤に満ちており（第7章参照）、いくつもの宙吊りの原因をちらつかせて、原因と結果を探す観客の心の傾向（第5章参照）を刺激して、まだ主人公が登場していなくとも、観客にとっての感情的絆を作る（第2章参照）。

観客の心の中にさらなる想定可能なシナリオを生み出す。ストームトルーパーたちはC－3POとR2－D2を捕まえるのか？　あるいは、アンドロイドたちは逃げおおせるのか？　この二つの競合する仮説は緊張を生み、この緊張が、シークェンスが終わるまで、そしてそのあとまで、観客の興味をひきとめる。このような潜在的な緊張は次のシーンで役立つ。ルークと叔父のオーウェンが二体のアンドロイドをジャワたちから取り戻すシーンだ。このシーンには最小限の葛藤しか含まれない。このシーンの終わり近く、二体のアンドロイドが別れ別れになりそうになり、そうなってしまうという想定可能なシナリオを生み出す。しかし、選ばれたR2のユニットがおりよく故障しており、C－3POはルークを説得して代わりにR2－D2を選ぶ。

最初に追跡／逃亡によって生み出された緊張――アンドロイドたちが帝国の軍隊によって捕まるという不安（そして第二に、二体が別れ別れになるという不安）――の解決によって、第二のシークェンスは終わりに向かうが、ここでふたたびコントラストが用いられる。黒画面へのゆっくりとしたフェイドアウトによって舞台はルークのくつろいだガレージに移る。この雰囲気は乗り物への閉じ込めと対照をなす。脚本は次のようにこの対照を描写している。「ガレージは散らかり、古びているが、くつろいだ穏やかな雰囲気が狭く飾り気のない小部屋に満ちている」。こうして映画が始まって十九分後に観客は脳をリセットするチャンスをふたたび得る（第3章の議論を参照。正／負の情報の価値とタイミングが、より高い注意力と理解を生み出す）。

メインキャラクターが登場

注目に値するのは、映画史の中でもっとも成功した映画の一本が映画制作におけるほとんど普遍的な規範に違反していることだ。メインキャラクターを早めに出すこと、しかも確実に最初のシークェンスで、という規範だ。たとえばシド・フィールドはこうアドバイスする。「だいたい最初の十ページ（おおよそ十分）で、読み手や観客に向けて［……］説明しなければならない。［……］主要登場人物は誰か？」[3]。ブレイク・スナイダーは主人公を一ページ目に登場させよと勧める[4]。第2章で詳述したとおり、観客を夢中にする映画の力はその大部分が、メインキャラクターへの感情的な絆にかかっている。本作はメインキャラクターを十七分が経過してから登場させているのに、なぜ成功したのか？

これは第9章で論じた芸術全般についてのベーシックな哲学的問題のひとつと関係がある。あなたはいつルールに従い、いつルールを破るべきかという問題だ。なぜ映画史上もっとも成功した作品がメインキャラクターを早めに登場させるというスキーマに違反しているにもかかわらず成功したかを理解するには、一歩引いて、映画監督が最終的に生み出そうと努めている効果を解明する必要がある。それは「観客を夢中にさせ続ける」ことだ。感じのいい主人公を登場させて観客が感情的な絆を生み出すようにすることは、ひとつの効果的な、確実な手段だが、唯一の手段ではない。この場合、監督は最初の二つのシークェンスの分析で論じられた諸要素を利用して、メインキャラクターが登場するまで観客の興味を維持することができた。そのあとはすべてメインキャラクターに委ねればよいのだ。(5)

物語映画にメインキャラクターを早期に登場させることは慣習になっている。なぜならそれは実際に試され、うまくいくとわかったからで、その結果、一般的に採用されるに至った。(6) このことは、別のアプローチがうまくいかないということを意味するわけではない。特に、もう一本の大成功を収めた作品『サイコ』(60)は、メインキャラクターを映画が始まってほぼ二十八分経つまで登場させなかった。

ルークへの絆

第二シークェンスにおいて葛藤によって生み出された緊張は、第三シークェンスにおいて、ルークのくつろいだ雰囲気のガレージで解かれるが、それにもかかわらずある種の葛藤が残る。自分の置かれた状況に絶望しているルークの内面的な葛藤であり、彼を養子に迎えてくれた家族への義務感のせいでわくわくするような生活に踏み出せないことだ。ついでに、ルークがR2－D2にこびりついた汚れを取り除いて整備するときのちょっとした葛藤がこれに加わる。こうした葛藤は、これまで見てきたような生死に関わる葛藤ではないが、小さな緊張を生み出すことにはかわりなく、これのおかげで私たちはストーリーの次なる大きな展開へと踏み出すことが容易になる。すなわち、ルークの生活と、冒頭で出てきた反乱の筋書きとの接続だ。これはレイア姫のホログラフィー映像という形で現れる。姫へのルークの明らかな好意と、反乱の話題に対する彼の力強い反応は、観客が一つに結びつけてストーリーの行方についての予想を生み出すことのできる手がかりだ。ルークは反乱に参加しようとするかもしれない。あるいは少なくともレイア姫に従おうとするかもしれない。

この「くつろいだ穏やかな」シーンはもう一つの重要なタスクをなしとげる。メインキャラクターとしてのルークへの観客の感情的な絆を強めるきっかけになるというタスクだ。これはルークの私生活が葛藤の状態にあるという手がかりを通して成し遂げられる。彼は欲求不満を抱いており、もっとわくわくする生活に憧れている。それに彼は反乱の大義に共感しているように見える。反乱は最初のシークェンスでは共感をもって描かれていた。彼は姫への若者らしい、ナイーヴな好意を示すが、姫の方もそれ以前に共感をもって描かれていた。

これに続くシーン（ディナーのシーン）は、ルークへの感情的な絆を生み出すプロセスを完成する。このシーンは、一年早くアカデミーに移るという——叔父に拒絶される——申し出を通して、変えることのできない状況への欲求不満を強調する。そのあとで、地平線に沈んでいく双子の太陽に注がれるルークの眼差しは、私たちに彼の憧れを理解させ、最終的にその憧れを共有させることになる視覚的な句読点の役割を果たす。

図10.3　このシーンの入念なカット割りのおかげで、観客はベル叔母とオーウェン叔父とのあいだの素早い目配せを見ることができ、ルークが彼らを見ていないと気づく。人間は視線を通して他人の意図を読むようにできている。ある説の示唆するところでは、目の暗い部分と明るい部分のコントラストは、人間が他人がどこを見ているかを見ることによってお互いの意図を読み合うことを助けるためだ。

このシーンはまた観客にルークの叔母と叔父の間に交わされる警戒した目配せというかたちでさらなる手がかりを差し出す。ルークがR2－D2のメッセージと、そのなかに言及されたベン・ケノービという名前を口にするときのことだ。これらの手がかりが寄せ集められて「危険だ」というメッセージになるが、とりわけその情報がルークには隠されていることを観客は知ることができるということがその理由だ（第6章と、意図を読み取ることにおける目の役割を参照）。［図10.3］

このシークエンスはR2－D2が逃げ出したことをルークが発見するところで終わる。翌朝R2－D2を追いかけるというルークの計画は、観客が仮説を生み出すきっかけになる。夜の闇が降りてきて黒い画面にフェイドアウト、明るい朝日へのフェイドインがつづいて観客の脳のあらたな「リセット」に必要なコントラストが生まれる。

（サンド）ピープルvsベン・ケノービ

夜間から明るい日中へのコントラストに富んだ移行が第四シークェンスを開始する。オーウェン叔父がルークを探している。葛藤はルークが登場していないときでさえ存在している。観客はルークの居場所に気づき、彼が陥っているトラブルを察知し、オーウェン叔父のコメントが葛藤を強める。ルークとC－3POによるR2－D2の追跡は第3章で詳述したが、そこでは危険と安全というコントラストをなす印象を交互に使うことで観客の注意を引き止めている［図3.9］。

ベンの家の内部に切り替わると、状況説明のシーンが長々と続く。第4章で指摘したように、人間は状況説明――筋書きの理解に必要な、ストーリー上のさまざまな状況についての情報――が断片化されているのを好む。すでに見たとおり、そのような状況設定は最初の三つのシークェンスを通じて小分けにされていた――しかも重要な情報はくりかえされていた。冒頭字幕においてぶちまけられる大量の情報――反乱、悪の銀河帝国、デス・スター〔宇宙要塞、人工天体〕、秘密の設計図――は、いろいろなやり方でその後もくりかえされる。さらに、ルークの父親とベンについての暗示と手がかり（オーウェン叔父によって否定的に表現される）は、観客の心に問いを生み出し、答えを探すよう準備させる（第5章および原因と結果の推論についての議論参照）。

このようにして、比較的小さな葛藤しかない長いシーンでもうまく理解できるようになる。ベンはきわめて精彩に富む人物であることが明らかにされる（オーウェン叔父の先立つ主張とは反対に）。ルークは父親が反乱において演じた役割およびダース・ベイダー――すでに私たち観客は彼の登場に立ち会っている――が父親の死にとって演じた役割を知る。私たちはそのほかにも新しい情報をインプットされる。フォース、ジェダイの騎士、ライトセーバーの使用についてだ。われわれの前頭葉は、情報の断片を吸収すると、関連づけて答えを求める執拗な傾向をもつので、ここでついに満足を手に入れる。少なくともここまでのところは。

　このシーンはまたその終わり近くに重要な宙吊りの原因を差し出す（第5章）。ベンはレイア姫のメッセージをはじめて完全なかたちで見たあとで、ルークを合流させ、ジェダイの騎士にし、反乱に参加するよう説得しようとする。ルークは抵抗し、この葛藤は解決されない——このようにしてそれは次のシーンまで宙吊りになる。

　次のシーンへのスピーディーな移行ではコントラストが使われる。ベンの家の明るい内部に対するに宇宙の闇。ルークとベンのシーンの静けさに対するに帝国のスターデストロイヤー〔宇宙戦艦〕の登場を予告する大音響の音楽。このシーンは、内装と設備が黒い部屋を舞台とするが（ベンの家の白さとの対照）、ベンのシーンと同じ機能をもつ。すなわち、情報をおさらいし、宙吊りの原因を生み出すことだ。この情報を伝えるために使われるテクニックは葛藤だ。室内の軍事指導者たちの間での意見の不一致だ。デス・スターの性質と機能は、最初は映画の冒頭の数秒で言及されていたが、ここで最終的に説明される。フォースの力が実演される。設計図には、デス・スターの隠れた弱点が書かれているが、それももう一度おさらいされる。シーンは宙吊りの原因で終わる——グランドモフ・ターキンがこう宣言する。「ベイダー卿はこの基地が使えるようになるまでに反乱軍の要塞の場所を教えてくれるだろう。そのときこそ私たちは一撃のもとに反乱軍を打ち砕く」。

　この発言が鉤《フック》の台詞となって次のシーンに移行する。シーンの移行にあたってふたたびコントラストが使われる。デス・スターの会議室の闇と惑星の地表の明るさが対照されるのだ。ここではま

図10.4　ベイダーは下っ端の部下にフォースの力を見せつける。作品はストーリーの舞台となる世界の体系的な理解の助けとなる手がかりを観客に注意深く差し出す。この種の力をここで一度紹介しておけば、それはそののちベン（オビ＝ワン）がマインドコントロールによって帝国軍の一隊から逃れるときに再利用できる。

るでターキンの台詞の結果であるかのように、ジャワの乗り物が破壊される。出来事を原因と結果の観点から理解しようとする人間の心の傾向がこの移行のインパクトを増す。［図10.4］

ジャワの乗り物が破壊されて、ルークは家に帰る。そこで彼は破壊された家と育ての両親の死を発見する。ここで、ルークとベンのシーンからの宙吊りの原因――ルークを反乱に参加させようとするベンの説得――が拾い上げられる。ルークが行動に移るに際しての最後の障害は取り払われ、ストーリーはにわかにそれまでとはちがった展開を見せる。ルークは反乱軍のために闘うだろう。死んだ叔母と叔父――そして父の仇をうつために。このことが作品の主要な緊張を生み出し、ルークの行動がどうなるかについての二つの仮説／想定可能なシナリオという形で観客の注意を映画の最後まで維持するだろう。彼は帝国を滅ぼすことに成功するのか？　あるいは敗北し、辛い死を迎えるのか？　こうして、四十分頃に第一幕の終わりがやってくる――これはストーリーの主要な緊張が観客の心の中に生み出される瞬間として定義される。これはルールのいま一つの「違反」だ。シド・フィールドのものを含め、多くの教科書は、二十ないし三十ページ（分）を第一幕のベストの長さとしている。メインキャラクターの「遅い」登場を補うべく、監督はここで別のテクニックを使って、映画の主要な緊張を生み出すために余計な時間を費やしつつも観客を引きつけたままにする。

シークェンスはもう一度コントラストで終わる。惑星の明るい日差しに対するに宇宙の暗闇への移行。およびルークの静止した姿勢に対するに宇宙船のスピーディーな動きだ。観客の心は今一度リセットするが、ここではそのリセットが必要とされている。なぜなら映画が本格的に始まろうとしていて、それとともにあらゆる感情的および認知的な要求が始まろうとしているから。成功した、満足のいく映画経験にはこうしたものが伴う。

モス・アイズリー

五番目のシークェンスはモス・アイズリーの街からの脱出の交渉をメインとし、脱出の成功で幕を閉じる。このシークェンスでは、デス・スターで並行して演じられるシーンがちょこちょこインサートされる。シークェンスは先立つシーンからの宙吊りの原因――レイア姫から反乱軍の基地のありかを聞き出すというベイダーの宣言――を拾い上げることで始まるが、これはまた最初のシークェンスからの宙吊りの原因を拾い上げることにもなる。司令官（ターキン）がベイダーに言うのだ。「彼女は口を割る前に死ぬだろう」。そしてベイダーは答える。「私に任せてくれ」。すなわち、とらわれの身となったレイア姫の尋問のことだ。このシーンにおける葛藤は明らかだが、この葛藤はあらかじめこうした宙吊りの原因によってセットアップされていた。それゆえこの時点でたくさんの葛藤が画面外で起こっている。葛藤が観客の心の中に生み出す二つの想定可能なシナリオ——彼女は話すのか話さないのか——が緊張を生み出す。

　コントラストが惑星の地表への帰還の目印となる。暗闇とデス・スター内部の黒が砂漠の白さと対をなす。ここでルークは先行するシークェンスから宙吊りの原因——ルークがジェダイの騎士となって反乱に加わることへのベンの説得——を、次のように言うことで拾い上げる。「オルデラーンにお伴したい。もうここにいても仕方がない。フォースの道を学んで父のようなジェダイになりたいんだ」[7]。それに続くモス・アイズリーでの行動は、原因に対する結果という形でこの宣言へとつながれる。

　観客は次のシーンにおける不安を予期する。そこではルークとベンがモス・アイズリーの街を眺め下ろしており、ベンが言う。「こんなおぞましいクズどもとワルの巣窟はどこにもない。用心を怠るな」。このいやな巣窟はシークェンスの間ずっとつづく葛藤をもたらす。

　フォースの魔力を使って帝国のチェックポイントを通り抜けたあと、ルークは酒場の外にランドスピーダー〔乗り物の名称〕を停める。それにつづく台詞における宙吊りの原因に注目してほしい。

ルーク　オルデラーンに連れて行ってくれるパイロットをここで見つけようと本気で考えているのか？

ベン　そうだな、最高の戦闘パイロットのほとんどはここで見つかる。立ち居振る舞いに気をつけろ。この場所は少し危険かもな。

ルーク　どんなことでも覚悟してるよ。

この会話から、私たちはキャラクターの目的（パイロットを見つけること）と予測（ルークはあらゆることに覚悟ができていると言い張る）と障害（場所が危険）とをはっきり見極める。私たちはすでに別の障害を目にしている。帝国のストームトルーパーだ。このように葛藤はこれ以後のシーンでどんな展開を見せてもおかしくなく、ふたたび観客の心のうちに成功と失敗という対になるシナリオを生み出す。

光と闇のコントラストがバーの暗い内部への移行において使われる。そこではごろつきどもが室内でルークを痛い目に会わせているが、ベンが介入してハン・ソロとの取引が成立する。この交渉は別の宙吊りの原因――ハンは自分の宇宙船のスピードを自慢する――に関係している。そして交渉が成功したことで緊張が解放され、それと同時に二つの新たな葛藤が生まれる。アンドロイドを探してストームトルーパーが現れ、グリード〔賞金稼ぎ〕が現れてハンを脅かす。これらの緊張はすぐに解決される。グリードについては激しい銃撃戦によって。そしてルークとベンについては素早い脱出によって。シーン全体が正／中立、および負／中立の情報（価値についての第3章の議論参照）によって観客のうちにコントラストのある感情を生み出すようにうまくペース配分されている。

ストームトルーパーの脅威ゆえルークとハンの宇宙船ミレニアム・ファルコンの乗組員たちは銃撃戦に訴え、観客の心の中で失敗というシナリオの可能性を強める。ファルコン号は発進に成功し、帝国の巡洋艦の妨害を撃退し、光速を出して安全を確保し、シークェンスのあいだじゅう充満していた緊張を緩め、ポジティブな仮説（ルークとベンはモス・アイズリーからの脱出のためにパイロットを見つけることに成功するだろう）を証明し、第五シークェンスが終わりに近づくにつれて観客全員の脳をリセットさせてくれる。

旅

コントラストは第六シークェンスへの移行においてもう一度使われる。今度は聴覚的に——大音量の音楽だ。舞台の変更も起こる。デス・スターだ。ここでストーリーは宙吊りの原因を拾い上げるが、これは先行するいくつかのシークェンスを通じてつきまとっていた。すなわちレイア姫の尋問だ。第五シークェンスでは、ベイダーがグランドモフ・ターキンに、姫から情報を聞き出す試みはまだ成功していないと報告した後、ターキンが答える。「おそらく彼女は別の形での説得に応えるだろう［……］今こそ、この基地の恐ろしさを見せつけてやる」。これは私たちの前頭葉にシナリオの創造を促す典型的な宙吊りの原因だ。ターキンの真意がどこにあるかについては多くの手がかりがあるが、そのいずれもいまのところ証明されていない。

証明はこのシークェンスの始まりにやってくる。葛藤がただちに使われる——ターキンとレイアの意志のぶつかり合いだ。これは間接的な台詞によって強められる（第7章参照）。レイアはターキンに隠喩的に話す（「ベイダーを操っていたのがあなただったと早く気づくべきだったわ」）。そしてターキンはアイロニカルに答える。「最後まで魅力的でいらっしゃる。お命を終わらせる命令に署名することがどんなにつらいかをご存じないようで！」）。このあとすぐにレイアは降参し、ベイダーとターキンが欲しがっている情報を明かす——この緊張を一時的に解きほぐす——しかし新たな葛藤がただちに起こる。ターキンが脅しを実行するのだ。デス・スターのパワーを使って惑星を破壊する――これがターキンの真意についての観客の推測の正しさを確証する。

シーンはミレニアム・ファルコンにカットバックし、デス・スターでの出来事と原因と結果の関係でつながれる。ベンがフォースの大きな「乱れ」を感じ取るのだ。原因と結果の連鎖を生まれつき（そして正しく）探し求める観客の〔心の〕傾向は、この障害が惑星オルデラーンの破壊であると結論づける。

このシークェンスの残りの部分はミレニアム・ファルコンの飛行に集中している。監督は船内の二つの葛藤という手段によって観客の興味を維持する。ベンと彼の「フォース」の話に対するハンの疑い、および、もっと小さな葛藤であるが、アンドロイドたちとチューバッカのあいだでのボードゲームをめぐる葛藤であり、そして最後に、ライトセーバーでトレーニング中のルークと「リモート」〔訓練用小型ロボット〕の間の葛藤だ。トレーニングそのものは宙吊りの原因――来るべき出来事の準備――だ。それは闘いにおける成功あるいは失敗という二つの対になる仮説を生み出す。

全体的にこのシークェンスはその前のシークェンスよりニュートラルでポジティブだ。とはいえ、二つの大きな危険にサンドイッチされているので、観客はこのシークェンスに注意を向けつづけることができるのだ（第2章の「価値」の議論参照）。

このようなマイナーな葛藤から生じる緊張が解決されるとその代わりに新しい、より差し迫った葛藤が起こる。すでに破壊された惑星オルデラーン付近への到着、および帝国軍とのバトルの再開だ。このバトルはミレニアム・ファルコンをデス・スターへと引っ張っていくトラクター・ビーム〔離れたところにある物体を牽引するテクノロジー〕というかたちをとる。この葛藤から生じる緊張は、ルークと仲間たちがトラクター・ビームとの闘いに敗れて巨大な敵の宇宙船の内部に釣り上げられるときに解決される。

二つの宙吊りの原因がこのシークェンスから生まれる。一つはレイア姫を「終わらせろ」というターキンの命令だ。この命令はレイアが反乱軍の基地の場所について嘘を言ったことに彼らが気づいたあとに、ミレニアム・ファルコンからの短いカットアウェイ〔メインの被写体から関連するそれ以外の被写体へカットつなぎする編集技法〕の間に出される。もう一つは、闘わずしてやられるつもりはないというハンの宣言に対するベンの返答だ。「おまえは勝てない。だが戦いに代わる選択肢がある」。私たちの前頭葉は、レイア姫が彼女の運命を逃れることができるかどうか、ベンがどのような「選択肢」を心に抱いているのかについての競合的な仮説を生み出す。

ミレニアム・ファルコンからゴミ処理室へ

第五シークェンスから第六シークェンスへの移行とは対照的に、シークェンス六から七への移行はコントラストを含まない。この移行は新たなそして別種の緊張の創出によって特徴づけられる。ルークたちはデス・スターから逃れることができるのかという緊張だ。

大勢のストームトルーパーの到来によって、葛藤はエスカレートし、ネガティブなシナリオ——彼らは捕まる——が現実味を帯びる。とはいえ、複数の手がかりがすぐに現れる。それは前のシークェンスの宙吊りの原因に関係している（ベンの「戦いに代わる選択肢」）。帝国軍の一兵士がベイダーにこう伝える。誰も船内にはおらず、「記録では、離陸直後にクルーは宇宙船を離れました。これは囮に違いありません、閣下」。

観客は船内にいることを知っているので、私たちの構築主義的傾向がすぐさまはたらく。オビ＝ワン（ベン）の発言についての手がかり、およびミレニアム・ファルコンの乗組員の真相についての私たちの知識（すなわち、彼らは現に船内におり、船を放棄してはいない）を突き合わせ、私たちはなんらかのトリックを疑う。いまや観客は葛藤のレベルだけではなく好奇心のレベルでも映画に引き込まれている。このトリックはどういう性質のものか——そしてそれはうまく作用するのか？

間をおかずに船内の隠し部屋の存在が明らかにされ、ルークたちの居所も明らかにされる。これにすぐに続くのはスキャニング・クルー〔宇宙船内部の点検スタッフ〕と二人のストームトルーパーの誘拐と処分であり、軍服が交換され、ベンの計画の真相が明かされ、それとともに緊張の一時的な解放も起こる。彼らは捜索によって生じた脅威を克服するのに成功した。葛藤と宙吊りの原因はこのエピソードにさえも行き渡っている。隠れ場所から姿を現した後でこのようなやりとりがある。

ハン　滑稽だよ。たとえおれが離陸できても、トラクター・ビームを逃れることはけっしてできまい。

ベン　私にまかせろ！

ハン　ばかだな。あんたも同じことを言おうとしていたくせに！

二人ともこれからのことについての考えを表明するが、ハンはベンにきわめて懐疑的だ——そして批判的だ。

ルークと仲間たちは変装――そして爆破――を使って小さな司令室のコントロールを掌握する。そこではハンの懐疑主義が葛藤を増幅する。

ハン　あんな骨董みたいな老いぼれをどこで見つけてきたんだ？
ルーク　ベンはすごい男だよ。
ハン　ああ、おれたちをすごいトラブルに巻き込んだ。
ルーク　なんとでも言え……
ハン　ままよ、指をくわえて奴の助けを待つなんてまっぴらだ……

ルークとハンの個人的な葛藤――ハンの忠誠、フォースへの懐疑、レイア姫の奪い合いといった争点をめぐっている――は映画の残りのほとんどの部分において持続し、後続する複数のシーンを結び合わせる。より多くの葛藤がさまざまなレベルで浮上してくるときでさえ。

司令室では、先立って生み出された二つの宙吊りの原因が拾い上げられる。ベンはトラクター・ビームを一時停止する手段を突き止める。こうしてミレニアム・ファルコンの逃亡が可能になり、処刑を待つレイア姫の場所がつきとめられる。ベンはトラクター・ビームを一時停止し始め、その間ルークとハンは姫の救出にとりかかる――この救出劇がシークェンスの残りの部分を占める。

レイア姫が囚われている独房の区画に忍び込む計画を練りながら、ルーク自身がここでちょっとした構築主義的心理学に訴える。「おまえの計画は？」というハンの問いへの答えとしてルークは一対の縛るもの（手枷）をとりだし、チューバッカにはめようとする。ウーキー族〔チューバッカ〕は騒ぎ立てるが、ハンは微笑んで言う。「心配するな、チューウィ。奴のアイディアはわかってる」。

ハンは手がかりと状況を突き合わせて、ルークがしようとしていることを理解する。観客にはまだ事態が呑み込めないが、前頭葉をはたらかせてハンが理解したことをつきとめようとする。まもなく私たちはルークとハンがストームトルーパーに変装して、捕えたウーキー族を「エスコート」してデス・スターの廊下を進むのを目にし、彼らの計画の一部が明らかになる。残りは彼らが拘留所に到着し、チューバッカにねじ伏せられたふりをするときに明かされ、銃撃戦が始まり、警備は全員殺される。

この銃撃戦は、先行する数シーンにおけるソフトな葛藤に、短いながら派手なコントラストを対照させる——それが私たちの感性を目覚めさせる合図となり、注意を素早くリセットさせる。警備が全滅すると（緊張の解消）、ハンはルークに警告する。「ルーク！　客だぞ！」そのあとすぐ姫の救出をめぐる緊張と、想定可能な二つの競合的シナリオ（彼らは成功する、あるいはしない）が解消される。ルークが彼女の居所をつきとめ独房から逃がすのだ。

静かな舞台——会議室——へのカットアウェイによって、拘留所の喧騒とアクションとのコントラストが生まれる。ここでベイダーがターキンに、オビ＝ワン（ベン）が船内にいると言う。ターキンはベイダーに宇宙船を逃してはならないと言う。それに対してベイダーは宙吊りの原因によって答える。「逃亡は奴の計画の内にはない。私は単身奴と立ち向かわなければならない」。

拘留所のシーンに戻ると「客」のさしせまった到着という宙吊りの原因が拾い上げられる。ストームトルーパーがドアを突き破り始めるのだ。渾身のバトルが、スピーディーなアクション、閃光、音とともにエスカレートし、三人はエアシュートを通って脱出を図る。こうして拘留所からの脱出をめぐる緊張が解放され、シークェンスが終わる。脱出の直前、ハンは内面的な葛藤を吐露する。それは命がけの物理的戦闘という外面的な葛藤を補う。ハンはレイア姫について次のように言うのだ。「すげえ女だ！　殺すか好きになるかのどちらかってところか」。「すげえ女だ！」というフレーズさえもが間接的だ——ハンはその反対のことを言いたいのだ（第7章参照）。

ゴミ処理室からの逃走

第七シークェンスへの移行はもう一度コントラストを用いる——派手な映像とサウンドによって描かれる緊張感あふれるけたたましい戦闘が、緊張の解放（ルークと仲間は逃亡に成功する）およびゴミ処理室の静寂へと移行する。ふたたび脳がリセットするチャンスだ。

ミレニアム・ファルコンに乗ってデス・スターを逃亡する問題に付随する隠れた緊張がまだ残っていて観客の注意を維持するが、より具体的な問題はゴミ処理室からの逃亡だ（それをハンはただちに成し遂げようとするが失敗する——ブラスター〔ピストルの一種〕でドアを撃つのだ）。これらの緊張に新たにもう一つの緊張が加わる——触手のある巨大な怪生物がゴミ処理室の水の中にいて、さしせまった脅威を生み出す。もちろんこれらの緊張はすべてキャラクターたちが直面する葛藤から生まれる。この葛藤は観客の心のなかに結果に対する競合的なシナリオを生み出し、それへの答えを探すことに注意を集中させる（第5章参照）。

ルークが怪生物によって水中に沈められ、溺れそうになるときに緊張——そして観客の不安——が生まれる。事実、監督は最悪のことがすでに起こってしまったと暗示する複数の手がかりをさしだしている。長いポーズ、波一つ立たない水面、ルークの反応の不在。脚本はそれを次のように描写している。「それからすべては死んだように静かになる。ハンとレイアは心配げなまなざしを送りあい、傍らでチューバッカが吠えている」。

私たちの構築主義的傾向はただちにこれらの手がかりを突き合わせ、ハンとレイアが仮定しているらしきことを仮定する。ルークは死んだという仮定だ。しかし実際には、監督は単にすぐれた監督がよく使う手に訴えているだけだということが明らかになる。観客の心の構築主義的傾向を利用して——および、さしだされた手がかりを観客がちゃんとつかまえていることをあてにして——あっと驚く意外な展開を仕組み——間違った結論へ導こうとしているのだ。

実際、ルークはふたたび姿を現す——不思議なほど無傷で（「化け物はどこ？」というレイアの問いに「わからない、ぼくを離してそのまま消えちまった」）。これは少々ごまかしめいていて、それゆえ期待はずれ——監督が提起した問題が自然に解けてしまう——と思えるかもしれない。しかし、これを正当化する事実が二つある。その一つはフォースの実在だ——それは映画のほとんど全編を通してさまざまな仕方で口にされていて、ベンとベイダーによるフォースへの言及は映画が進むごとにますます増えている。この出来事はフォースの顕れでありうるだろうか？　もう一つは、たとえルークが破滅を免れても、新たな葛藤が起こることだ。迫り来る壁だ。即座に生み出される二つの仮説がどういうものであるかは明白だ。彼らは押しつぶされるだろう、もしくは逃げおおせるだろうということだ。こうして、ルークが水中から生きて現れたことによる束の間の解放は、エスカレートする危険——そして騒音（叫びと押しつぶされる物体の音）——とただちに対照される。［図10.5］

しかしまだ別のレベルの葛藤と緊張がある。それはすでに述べた「ゴミ圧縮機」のシーンに埋め

図10.5　ゴミ処理室のシーンはルークと仲間たちが見舞われる一連のピンチの最後のものだ。このようなピンチのひとつひとつが観客の緊張を徐々に高め、私たちの前頭葉に正反対のシナリオを想定させる。ストームトルーパーに見つかるか、それとも無事にやり過ごせるか。もし見つかれば、ブラスターで射殺されるか、それとも逃げ延びるか。そして最後にゴミ処理室で押しつぶされるか、それとも脱出するか。ポジティブな結果である「脱出」は、これに先立って入念にセットアップされている。

込まれている。R2－D2とC－3POの発見と指令室からの逃亡だ。一連のシーンはゴミ処理室とクロスカッティングでつながれる。実際、あるレベルでは、二体のアンドロイドが囚われる危険の方が、ルークとハンとレイアの死の危険よりも大きい。なぜならR2－D2は反乱軍を守ることのできる秘密の設計図をもっているからだ。

ゴミ処理室の壁が迫っているとき、司令室ではC－3POが警備を煙に巻くことに成功し、R2－D2とともにルークとコミュニケーションをとれるスペースに移る。ルークのピンチに気づき、R2－D2はコンピュータシステムに入力し、壁の動きを止め、ルークと仲間たちの命を救う。

策略——脱線

ほとんどの映画ファンはこういう映画を見た

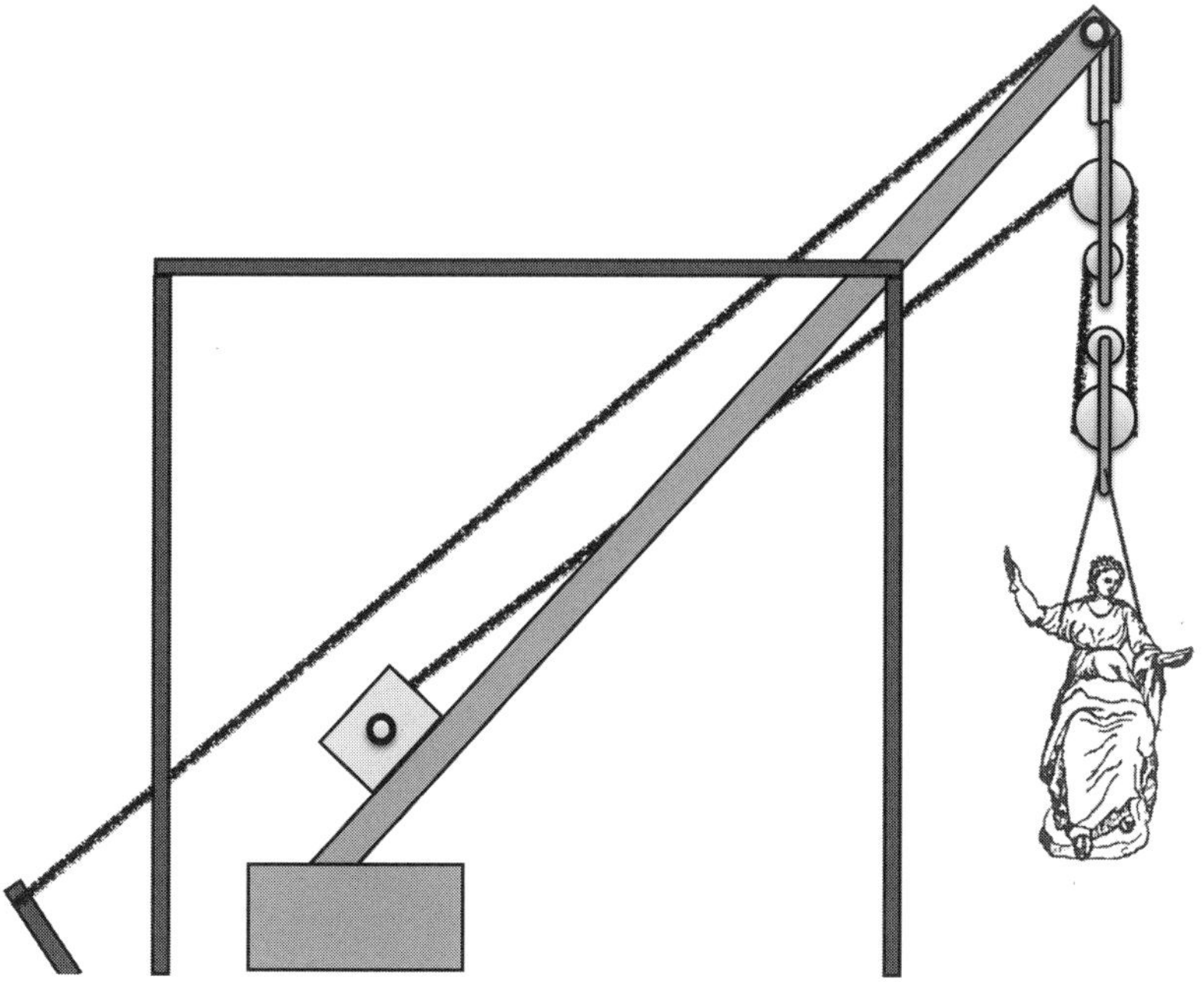

図10.6　デウス・エクス・マキナ——神（あるいは女神？）が機械に乗って降臨する。これを家の中で（あるいはあなたの脚本中で）実験しないこと。（Gulino）

ことがある。メインキャラクターがなんらかのややこしいジレンマに陥るが、なんらかの説得力のない手段を通じてそこから抜け出し、不平あるいはまったくの失望——あるいは、ごまかされたという気持ち——しか残らないような映画だ。そのような「ごまかし」についての伝統的な用語が**デウス・エクス・マキナ**——「機械仕掛けの神」だ。この概念は古代のギリシャ演劇に発し、神が（クレーンによって舞台に降りてきて）間一髪で降臨し、キャラクターの問題を解くというパターンのことだ［図10.6］。アリストテレス以来の理論家たちは概してそのようなやり方をこのましく思っていなかった。アリストテレスは『詩学』において述べている。「それゆえ自明なことは、プロットの解決は、錯綜にもまして、プロットそれ自体から生まれねばならず、デウス・エクス・マキナによってもたらされてはならない[8]」。すなわち、ジレンマからの脱却の手段は、ストーリーそれ自体の生地に織り込まれているべきであり、なんらかのご都合主義的なやり方で導入されるべきではない。

『スター・ウォーズ』の脚本は、作中の多くの追跡や脱出の状況を革新的で説得力のある方法で解決するためにいかに周到な配慮を払っているかを明らかにしている。ゴミ処理室のシークェンスで注目すべきは、ルークとハンとレイアが外部からの助けなしではジレンマから逃れられないのにもかかわらず、脱出の成功が説得的であることだ。その理由は、脱出に必要とされる要素を監督があらかじめ周到に準備していたからだ（あるいはアリストテレスの術語でいえば、そうした要素は「プロットそのものから」生まれている）。ルークがC－3POとコミュニケーションを図れるリモートのコムリンク〔コミュニケーション手段の一種〕、およびデス・スターのコンピュータシステムに入力し操作するR2－D2の能力はその一例だ。このように監督は知覚を研ぎ澄ませた観客ならば脱出のルートを考えついてもおかしくないような複数の手がかりを差し出している。たとえ具体的な脱出の手段はサプライズとして登場するとしても。

脱出の経路の入念なセットアップの事例は、脚本のいたるところにある。モス・アイズリーのシークェンスにおいて、帝国のストームトルーパーたちがルークの乗り物を止め、アンドロイドのことで彼を尋問するとき、つかまる危険が高まる。しかしベンがフォースを使ってトルーパーにマインド・コントロールを施し、見逃させる（彼はのちに同じようなトリックを使ってデス・スターに乗船する別のストームトルーパーの一隊の注意深い目を逃れる。これについてはのちに触れる）。これはごまかしだと思われるかもしれないが、実は事前に入念に仕込まれている。ベンが最初にフォースの威力についてルークに話すときにだ。そのあとでも、私たちはベイダーがデス・スターの内部で下っ端の部下の首を絞めるのにフォースを使うときにフォースの威力の顕れを目にしている。同じく、ベンがモス・アイズリーのバーでエイリアンの武器を捨てさせるためにライトセーバーを使う以前にライトセーバーはすでに紹介され、話題にされている。ラストのクライマックスとなるバトルで、ルークは自動制御装置を切り、フォースの助けを借りて魚雷の的を撃ち抜く。これも先立つミレニアム・ファルコンの場面でルークが「リモート」と目隠しでスパーリングする際にフォースに導いてもらうときの戦い方だ。ルークが鉤状のフックのついたナイロンのケーブル――デス・スターの引き込み式のブリッジからのルークとレイアの逃走を成し遂げるために使われる――を使うのは、ご都合主義的とも不自然とも思われる。というのも、私たちは必要になる瞬間までそのケーブルを目にしていないからだ。しかしルークはそのケーブルを腰に巻いている万能ベルトから出す。それは直前に身につけた帝国のストームトルーパーの軍服の一部だ。それゆえ脱出はやはり監督がクリエイトした世界の生地に織り込まれている。

監督によるこの種の配慮――再利用可能な多くの手がかりに満ちた堅固な作品世界を考え抜き、打ち立てている――は、疑いなく作品の時代を超えた人気に貢献している。ゴミ処理室からの脱出のもっとずっとありふれた解決として考えられるのは、たとえば、ルークが脱出のハッチをたまま見つけて間一髪で開けるというものかもしれない。あるいは、ゴミのなかにきわめて硬質な金属の部品が混じっていて、圧縮機の機能をたまたま停止させることができるとか。あるいはまた、ルークとハンが迫ってくる壁を腕で懸命に押し戻し、力を合わせて壁を食い止めるのかもしれない。

多くの映画はこのような説得力のない脱出劇に満ちている。『ゼロ・グラビティ』(13)においてメインキャラクターはすぐ目の前に迫る死を免れるが、それは霊が現れて彼女にどのボタンを押せばよいかを教えるからだ。『キャプテン・アメリカ／ウィンター・ソルジャー』(14)のタイトルロールのキャラクターはエレベーターの中で筋骨たくましいバッド・ガイたちに囲まれるが窮地を逃れる。なぜなら単に、見るからにそいつらより強そうだからにすぎない。ジョージ・ルーカス自身、後の作品の中ではこれを免れていない。『スター・ウォーズ　エピソード1／ファントム・メナス』（99）のある場面で、二人のジェダイの騎士——若き日のオビ＝ワンと彼の師匠クワイ＝ガン——が待合室にいるときに毒ガスが撒かれる。彼らの脱出方法がどういうものかといえば、ただ息を止めるだけだ。これで問題は解決する。部屋の扉が開くと二人は大勢のバトルドロイド〔戦闘用ロボット〕と対峙する。解決方法——彼らはライトセーバーで片っ端から斬り倒す。そして問題はふたたび解決する。

ジレンマに対するこうした安易で都合のよい解決は、キャラクターの運命に対して観客がもつ可能性のあるどんな心配をも台無しにしかねない。途端に次のようなスキーマが現れるからだ。このキャラクターはたいした努力もせずにどんなことからも生き延びるから、心配してやる必要もない。逆に言えば、こうした解決は映画を見る経験の感情的なインパクトを削ぐ。

デス・スターからの脱出

サウンドにおけるコントラスト——ルークと仲間がゴミ処理室の中にいるときにあげる大きな喚き声と、その外側の廊下の静寂——が第八シークェンスから第九シークェンスへの移行を特徴づける。第七シークェンスからの宙吊りの原因——ベンがトラクター・ビームを一時停止させると仲間たちに言う——は、ベンがトラクター・ビームの司令室に到着し機能停止させるときただちに拾い上げられる。彼はこれを新たな葛藤の発生——ストームトルーパーたちの付近への到着が緊張を生み出す——にもかかわらず成し遂げる。彼はつかまるのか、あるいは成功するのか？　ポジティブなシナリオは、ベンがフォースを使ってストームトルーパーたちの目を欺き、よそを探させることで実現する。監督がクリエイトした世界の生地に織り込まれたフォースのいま一度の使用だ。

その間、レイアとハンの個人的な葛藤は続いている。彼らとルークがミレニアム・ファルコンをめざして進んでいるとき、デス・スターから脱出したいという彼らの欲望の宙吊りの原因が拾い上げられる。ここから宇宙船への彼らの行程それ自体が、葛藤に満ちたいくつかのシーンを用意する。ハンはストームトルーパーの一団を掌握し、緊張を解く——ついで彼らに追われていることに気づき、高まる不安と緊張がもう一度生まれる。その間に、ルークはレイアをトラブルに巻きこむ。壁の出っ張りで罠にかかるのだ。そして観客の心の中で否定的なシナリオの蓋然性が高まるが、勇敢な離れ技によって安全なところに逃れ、その緊張を解く。

デス・スターのあちらこちらを音もなく忍んで行くベンの短い幕間が、ストームトルーパーとの視覚的にめくるめく戦闘シーンの大音響と聴覚のレベルで対照される。ミレニアム・ファルコンの近くまで進むと、ベンはベイダーに出会い、第七シークェンスからの宙吊りの原因を拾い上げるが、そこでベイダーはベンが一対一で自分に会いたがるだろうと予告していた。この葛藤がエスカレートしてライトセーバーのバトルへと至り、宇宙船〔ミレニアム・ファルコン〕を見張るストームトルーパーたちの気を逸らし、ルークたちが乗船することを可能にする。それに先立ちハンが「ご老体がトラクタービームを止めてくれることを祈るだけだ」と言って、先立つ宙吊りの原因（トラクター・ビームの機能を停止させるベンのミッション）を拾い上げつつ、その将来的な成功に期待をかける。

ストームトルーパーたちが姿を消すことは都合のよい偶然のように見えるかもしれないが、ベンとベイダーのライトセーバーのバトルはすでにその近くで始まっているので、それはあらかじめ受け入れ可能な原因と結果の連鎖（第5章参照）をたどる。

ベンとベイダーの葛藤から生じる緊張は、突然の予期せぬやり方で解決され――ベンが彼自身の死を受け入れる――葛藤によって生み出された想定可能な否定的シナリオの正しさを確証する。(9) ルークはショックを克服し、仲間たちと宇宙船に乗りこむことに成功するが、そこではハンがコントロールをにぎっており、私たちに重大な宙吊りの原因をいま一度思い出させる。「ご老体がトラクタービームを止めてくれることを祈るだけだ。さもなきゃ、これはマジで短い旅になるだろうな」。ミレニアム・ファルコンはデス・スターを撃墜することに成功し、脱出の問題をめぐる葛藤を一時的に解決する。ヴィジュアルにおけるコントラスト（アクションと静止）およびサウンドにおけるコントラスト（大音響と静寂）が、努力が成功したという印象を強める。この瞬間、ルークは一人残され、師匠の喪失を噛みしめる。

静寂は長くは続かない。ハンは帝国の早期警戒管制機の出現を報告し、彼とルークが攻撃者をかわすとき、葛藤が生死を分けるスケールでいま一度迫り来る。対をなす想定可能なシナリオ――勝利と敗北――がこの葛藤によって生み出され、戦闘のあいだ、蓋然性のある結果が一方から他方へ揺れ動き、ついには四台の敵のＴＩＥファイター〔戦闘機の名称〕すべてが破壊され、その時点でミレニアム・ファルコンの脱出をめぐる緊張はついに解かれ、ファルコン号は光速で去って行く。シークェンスは不吉な宙吊りの原因によって終わる。デス・スターへカットバックすると、ターキンが言う。「ホーミング・ビーコン〔追跡装置〕は確かに搭載してあるのか？　私はとんでもない危険を背負い込んでいるのだ、ベイダー。うまくいけばいいがな」。

準備すること

第十シークェンスは複数の準備のシーンからなっている。それは観客に心の準備をさせる——デス・スターに対する最後の戦闘に対して。この準備はハンとレイアの会話によってはじまる。そこには葛藤がただちに使われる。ハンは脱出の成功を自慢するが、レイアは帝国軍が彼らを「泳がせ」、追っている可能性があると主張する——観客がすでに知っている疑いは本当だ。宙吊りの原因がこれに続く。レイアはハンにR2-D2がデス・スターの技術情報を内臓していると説明し、こう付け加える。「データが分析されて弱点が発見されるのを願うだけよ」。観客はすでに彼女に感情的な絆を作っているので、彼女が口にする希望は私たち自身の希望だ。しかしその希望を口にしつつ、彼女はハンとの新しい葛藤を生み出す。ハンはもう耐えられないと言い張り、金だけを望む。レイアはコックピットを去り、ルークが彼女の後を引き受けると、新たな葛藤が芽生える。レイアをめぐるルークとハンのライバル関係であり、それがミレニアム・ファルコンが反乱軍の基地に到着するまで観客の関心を維持する。

この時点で、観客にクライマックスのバトルへの心の準備をさせる仕事が本格的に始まる。デス・スターへの差し迫った攻撃に関する葛藤は観客の前頭葉をはたらかせ、成功あるいは失敗という二つの想定可能なシナリオを生み出させる。シークェンスの残りの部分は後者のシナリオを利するように進行し——観客のなかの不安を増大させる。TIEファイターのパイロットは直径二メートルのターゲットを撃たねばならないと命じられる。これは話を聞いていたハンおよびウェッジ・アンティルスというTIEファイターのパイロットの懐疑を呼び起こす。ウェッジは言う。「不可能だ。たとえコンピュータでも」。ルークは次のように言って反論する。「不可能なものか。ぼくは故郷でT－16〔反重力装置によって浮揚する乗り物〕から二メートルもないウォンプラット〔ネズミに似たクリーチャー〕を的にしていたものさ[10]」。しかし舞台はすぐにデス・スターにスイッチする。反乱軍の基地への砲撃まで三十分であることが明かされ、新たな厳しい危険を生み出す[11]。宙吊りの原因がすぐに続く。ベイダーはターキンに言う。「これは末長く記憶される日になるだろう。ケノービの末期を見届け、反乱軍の最後の日ともなるのだからな」。さしだされた複数の手がかりによって観客の心のなかに浮かび上がる否定的な結果がより大きな脅威を帯びる。

　ハンは次のシーンで脅威をさらに大きなものにする。彼は攻撃に参加することを拒否して言う。「報酬をもらっても使えなければ何にもならない。それに、あの戦闘基地を攻撃するなんておれに言わせれば勇気なんかじゃない。むしろ自殺行為だ」。これと対照的ないくつかの宙吊りの原因がつづく。ルークは旧友のビッグスに会い、ビッグスが彼に言う。「戻ったらおまえのストーリーを聞かせてくれ」。そして「おれたちをとめることなんかできないさ」。これはルークへのレッド・リーダー〔デイヴ〕の発言につづく。「おまえはうまくやるさ」。シークェンスは姿なきベンの声による宙吊りの原因で終わる。「ルーク、フォースはおまえとともにある」。〔図10.7〕

図10.7　ハンはルークに、デス・スターの攻撃は「自殺行為」だという。攻撃が観客の前頭葉に生み出す二つの想定可能なシナリオ——デス・スターに勝つ、あるいは負ける——がバトルに先立つシーンで相争うが、否定的なシナリオが優位に立つ。これはコントラストを通じてルークと反乱軍の最終的な勝利の喜びを増す。

第十一シークェンスは反乱軍のファイターの戦闘開始とともに幕を開ける。ここではコントラストが使われる——ファイターの格納庫の相対的な静寂から、エンジン音、銃撃、絶叫、大音響の音楽が徐々に高まる戦闘へ。葛藤は明白だ。帝国とデス・スターのタッグにルークと反乱軍のタッグが応じる。成功か失敗かという競合するシナリオはあらかじめ巧妙に組み立てられている。このシークェンスは反乱軍のパイロットと敵の砲撃隊とファイターの個人的葛藤を描く。

ほとんど途切れのないアクションにもかかわらず、コントラスト——視覚的／聴覚的要素、そして緊張／弛緩のいずれにおいても——が使われ、戦闘シーンに散りばめられる。時々デス・スターの内部へのカットアウェイがある。そこではターキンが戦闘の行方と反乱軍の基地を見守る。これらの舞台は比較的静かな幕間となり、そのあいだに観客の脳の束の間の「リセット」が可能になる。それから緊張と弛緩のパターンがある。ルークはデス・スターの外壁を砲撃し、焼夷弾との激突へと向かっているように見えるが（高まる緊

図10.8　勝利のエピローグ。映画の上映中、コントラストが定期的に観客の脳を「リセット」し、ストーリーの次のパートに備えてフレッシュな状態に保っては、次のパートでまた新たな緊張が起こる。ラストですべての葛藤が解決されることですべての緊張が解消され、観客はエピローグのシーンを見届けて脳をリセットしたあと、レジャースーツ姿で駐車場に向かい、ディスコへと車を走らせる道すがら8トラックのテープに聴き入るのだ。

張）、うまく乗り越える（緊張の解消）。ビッグスは敵のファイターに追われるが（高まる緊張）、ルークがそれを撃墜する（緊張の解消）。ルークは追われることになるが（高まる緊張）、ウェッジが追っ手を撃ち落とす（緊張の解消）。最初の攻撃はターゲットの近くをかすめるが（高まる希望）、ベイダーが三機を撃ち落とす（高まる不安）。第二波の攻撃はダイレクトにヒットする（高まる希望）。それは「外壁に衝突し」、落下する（高まる不安）。これらのシーンを通じて、私たちはときどきカウントダウンによるデッドラインを思い出す——その時点で反乱軍の基地は破壊されてしまうだろう。これはもちろん緊張を高めることに役立つ。

ルークの逃亡によって緊張は最高潮に達する。音楽、アクション、スピーディーなカット割り、ベイダーの銃の餌食になるビッグスとR2-D2。ルークは単身迫るベイダーと対峙する。緊張からの解放が最後に訪れる。いいタイミングでハンが戻ってきて脅威となる敵のファイターを撃退し、ルークがフォースの導きによって魚雷を打ち込んでデス・スターを破滅へと導く。

短いエピローグが続き、観客が「現実の世界」に戻るまえにもう一度脳をリセットすることが可能になる。その三分間はもっともわずかな緊張しかない。R2-D2が修繕され得るかどうかだ。そしてこの緊張さえも前途有望な宙吊りの原因によって最小化されている。ルークがC－3POに告げる。「彼は無事だ」。この宙吊りの原因はラストシーンの祝福の末尾近くで拾い上げられ、祝福と観客の脳が冒頭の字幕からずっと経験してきた緊張からの解放という印象を強める。〔図10.8〕

原注

（1）結果は保証なし。現在の稼いだ総額はもっと多いだろう。

（2）注目すべきは、どちらの船内に私たちがカットしたかを示すために、監督が「小さな宇宙船の内部では」「反乱軍の宇宙船の内部では」といった字幕に頼っていないことだ。その代わりにルーカスは、複数の手がかりを突き合わせて一つの現実を構築する観客の傾向に頼っている。この場合、状況説明は小さな宇宙船の内部で爆発が起こり、それに続いて〔座席から〕乗組員が投げ出されるカットがある。二つの出来事の間の原因と結果の関係は観客によって引き受けられる。それによって船内のシーンがどのシーンにつながるかをすぐに理解することが可能になる。

（3）Syd Field, *Screenplay: The Foundations of Screenwriting* (New York: Random House, 2005), p. 107.〔シド・フィールド『映画を書くためにあなたがしなければならないこと――シド・フィールドの脚本術』(安藤紘平、加藤正人、小林美也子、山本俊亮訳、フィルムアート社、２００９年)、１０４頁〕

（4）Blake Snyder, *Save the Cat!: The Last Book on Screenwriting You'll Ever Need* (Studio City, CA: Michael Weise Productions 2005), p. 72.〔ブレイク・スナイダー『SAVE THE CATの法則――本当に売れる脚本術』(菊池淳子訳、フィルムアート社、２０１０年)〕

（5）監督ルーカスがこの場合メインキャラクターの登場を、慣習的なノウハウに反して遅らせたのに対し、脚本家(同じくジョージ・ルーカス)はそうしなかった。オリジナル脚本は四ページ目にルークを紹介する一連のシーンを含んでいる。映画開始七分ほどだ。これらのシーンは完成した映画には含まれていない。

（6）このパターンはまた制作会社がスターに支払う高額の報酬に影響されている。そしてスター自身も早く、かつ頻繁に登場することを好むことに。そしてスターを早く、かつ頻繁に見たいという観客の期待に。この点で『スター・ウォーズ』がメジャーなスターをキャスティングしていないことは注目すべきだ。

（7）第一幕の終わりがここであるという説もありうる。ここで明らかにメインキャラクターのゴールが設定されるからだ。それは観客が知るようにダース・ベイダーおよびその軍隊との直接的な葛藤へと導く――そしてこのようにして観客の心の中に成功あるいは失敗という対立するシナリオを生み出し、それが映画の続き全体にとって緊張の源泉となる。

（8）Aritrotle, *Poetics*, trans. S.H. Butcher (London, Macmillan, 1902), p. 55.〔アリストテレス『詩学』（藤沢令夫訳、『世界の名著8　アリストテレス』中央公論社、１９７９年）〕

（9）葛藤がそのようなきわめて否定的な帰結に至ることは、キャラクターの再登場がお約束になっているシリーズものにおいてはめずらしい。長編映画（および限定的なシリーズもの）というフォーマットは、この点でより大きな柔軟性を発揮し、ともすると主人公たちが無事に切り抜けることを観客が一瞬も疑うことのないシリーズもののフォーマットではできないような豊かな感情的経験を生み出す。実際、長編は観客に「何でも起こりうる」経験を差し出す。

（10）ルークの操縦と射撃の腕前が映画のクライマックスでの要になるが、ここでは少々いんちきくさく思われるかもしれない（デウス・エクス・マキナについての先の議論を参照）。というのも、このときまで私たちはルークがファイターに乗っているところを目にしていないからだ。ブラスターを撃ち、ミレニアム・ファルコンで敵の宇宙船を撃退したところはじっさいに見ているが。オリジナル脚本ではじっさいに彼の操縦の腕前について伏線を張ろうとしている。本篇には残らなかった最初の方のシーンで、ルークは最後の二つのシークェンスで再登場する旧友でファイターのパイロットであるビッグス・ダークライターと会話する。会話のなかでルークは「スカイフーパー」〔T16〕での空中戦について触れ、彼の操縦の腕前とウォンプラット狩りについての思い出話をセットアップしている。

（11）三十分への言及はデッドラインと呼ばれるもので、脚本家が期待を作り出すための有益なツールだ。なぜなら観客はそれをアクションが起こるタイミングをつかむ手がかりとして利用するであろうから。

エピローグ

あるいは、前進しクリエイトせよ

あるところにとても長いヒゲの男がいた。ある日、誰かが彼に問うた。あなたが夜眠るとき、ヒゲを毛布の上に出すのか、下に入れるのか？　男は答えることができなかった。彼にはなんの考えもなく、それを考えてみたことさえなかった。しかし、その日以来、彼は眠れなくなった。なぜなら彼は問いを忘れることができず、答えがどうであるかを知るために毎晩寝ずに起きていようとしたから。

科学者たちは学びの経験を要約する用語をもっている。**メタ認知**だ。これは新たな情報とすでに知られていたものとの間の関係を見つけることであり、ブレンドされ、精錬され、再生された知識を理解可能ないくつかのカテゴリーに分類する最終工程だ。

ここまで読んできた人は誰でもいまやメタ認知を試みることができるが、ほとんどの人はおそらく科学的な調査を継続するよりも、実際に脚本を書いたり映画を撮って成功を手にすることの方に興味があるだろう。この両者を同時に行うプロセス、あるいは思考しながらその思考について思考することは、結局私たちの認知的資源を枯渇させてしまう。だとしたらこのあとどのようにやっていけばよいのだろうか？

フランク・ダニエルはよく、このジレンマを教えるために、上に引いたヒゲの男のストーリーを語っていた。一度いろいろな概念を知ってしまうと、それらを取り除くことはできないかもしれない。脚本を、あるいは映画そのものを、あなたがかつて見ていたようには到底見られない。もっと科学的に表現するなら、あなたの神経回路は本書の中で学んできた思想や戦略で目詰まりを起こしてしまっているかもしれない。しかし上達するためには行動が必要だ。そして本書で学んできたように、活動し始めたニューロンはかならずうまくはたらく。

あなたのニューロンを活動させるいくつかの戦略は第8章の末尾で示唆されている。各章の末尾に掲載した多彩な脚本執筆の課題と認知的実習をおさらいするのも有益だろう――すなわち、遊びまわれ、ただし少々創造的に、ということだ。前進し創造するための鍵は、本書で学んだ多くの教えを一時的に忘れること、あなたの創造的な衝動との感情的な絆を作ることだ（これを実現するためにどうするのがベストかを試してみること。たとえば音楽を聴くことが助けになることがよくある）、そして、方法論的に分析しようとせずにその衝動をページにぶちまけること。

一度脚本が草稿の形でできあがれば、あるいは映画がラフカットの形でできあがれば、本書の教えが診断ツールとして役に立つだろう。執筆中に出会う問題の原因を見極めるためにも、そして最初に抱いた創造的な衝動のポテンシャルをフルに開花させるためにも。
幸運を祈る。

訳者あとがき

本書は認知神経科学の観点からすぐれた映画脚本とはどういう脚本かを解明しようとしたこれまでにないユニークなコンセプトの本である。

本書を手にとられた方は、脚本家や映画監督をめざす方、演劇・小説・マンガ・ゲームといったジャンルでクリエイターをめざす方、あるいはすでに業界で仕事をされている方、脳科学や心理学に関心のある方などさまざまだろう。

著者の一人であるガリーノは脚本家にして脚本の教師であり、本書はとりあえず脚本のコンパクトなテキストブックという一面をもつ。

シド・フィールドが提唱した「三幕構成」であれ、ジョーゼフ・キャンベルの「英雄の旅」モデルであれ、ブレイク・スナイダーの「ビート・シート」であれ、すでに世の中にはたくさんの脚本執筆の定石や公式があり、本書でもそれらが詳しく論評されているが、著者たちが強調するのは、どんなメソッドを選ぶにせよ、その教えに過度にこだわり、そこに自分を閉じこめてしまうことの愚かしさだ。そして、その最たる証拠が『スター・ウォーズ』にほかならない。それまでの脚本のクリシェをことごとく破っている同作がなぜあれほどのヒット作になったのだろうか?

一言でいえば、『スター・ウォーズ』の脚本が観客を否応なしに物語に引き込むように書かれているからだ。脚本のメソッドは数々あるが、あらゆるメソッドが目標に掲げているのはただ一つ、観客を物語に引き込むことだ。そして『スター・ウォーズ』はそれを成し遂げた。なぜか? 観客の脳のはたらきを理解し、これを味方につけて上手に利用したから、というのが著者たちの答えだ。

脚本を生み出すのは脚本家の脳である以上に観客の脳なのだ。脳がいかに「クリエイティブ」であるかが本書を読むとよくわかる。人間の脳は本来大容量の情報を処理することが不得手で、同じことを何度もくりかえして言ってやらないと理解できなかったりする〝頭の悪い〟ところがあるのだが、その限界を実にクリエイティブで天才的なやり方で補う術を知っている。このように才能豊かな「クリエイター」を脚本作りに参加させない手はないと著者たちは言う。少し大げさに言うと、脚本家が適切な素材を適切なやり方で差し出してやれば、あとは観客の脳がひとりでに活動し始めてそれを見事な物語に仕立ててくれる。脚本家の仕事の少なからぬ部分を観客の脳に委ねてしまうことで、脚本家は大いに楽をすることができるのだ！　本書はあなたにそのコツをこっそり伝授する。

クリエイティブな脚本とは、脳のクリエイティブな能力が創り出した脚本のことだ。そして、その場合の脳とは脚本家の脳である以上に観客の脳なのだ。すぐれた脚本を書くためにあなた自身が脳みそを搾る必要はない。まさに目から鱗の発想だ。

もちろん、本書は脳科学や心理学の観点から映画を研究することに関心をもつ人たちにとっても、楽しくてためになる読みものとなっている。脚本の書き方が身につき、かつ認知科学の最前線についても学べるという一挙両得な本なのだ。

本書はすでにシド・フィールド、ロバート・マッキー、ブレイク・スナイダーらの定番教科書（さいわいなことにいずれもフィルムアート社から翻訳出版されている！）を読んでいる脚本家志望の人の副読本として大いに役立つし、逆に、本書を読むことで脚本の世界の奥深さを知った読者には、これら脚本術のカリスマたちの本にもぜひ手を伸ばしてみることをお勧めしたい。本書の味わいが一層増すことうけあいである。

ちなみに、著者のうちガリーノはすでに『脚本術：シークェンス・アプローチ（Screenwriting: The Sequence Approach）』という本格的な教科書を本書の原著と同じ版元（Bloomsbury）から出している。読者の便宜のために若干の解説を加えておくと、これは彼がコロンビア大学でその謦咳に接し、ミロス・フォアマンやデイヴィッド・リンチの師としても知られる伝説の脚本教師フランク・ダニエルによって導入された「シークェンス・メソッド」という方法論を体系化したもので、シークェンスを一本の短編映画のようなある程度の独立性をもった単位と見なすが、あるシークェンスにおいて生じた葛藤がそのシークェンス内では完全に解決されないまま後続するシークェンスにリレーされるという形でシークェンスどうしを有機的に結びつける。これによって脚本家は作品全体の構成を過度に気にすることなくそのとき書いているシークェンスに意識を集中させることができるというメリットがある。本書の掉尾を飾る『スター・ウォーズ』全編の見事な分析においてこのメソッドがフルに活用されていることをたしかめていただきたい。

最後になったが、この本の翻訳を勧めていただいた藪崎今日子さんをはじめ、フィルムアート社のみなさんに厚く感謝したい。

二〇二〇年十二月二十五日

石原陽一郎

参考文献・資料

Adornetti, I. (2016). "On the Phylogenesis of Executive Functions and Their Connection wiht Language Evolution," *Frontiers in Psychology 7*: 14–26. doi:10.3389/fpsyg.2016.01426.

Aristotle (1902). Poetics. Translated by S. H. Butcher. London: Macmillan.〔アリストテレス『詩学』藤沢令夫訳、『世界の名著８　アリストテレス』中央公論社、1979年〕

Asutay, E. and Vastifjall, D. (2015). "Negative Emotion Provides Cues for Orienting Auditory Spatial Attention." *Frontiers in Psychology*, 6: 618. http://dx.doi.org/10.3389/fpsyg.2015.00618.

Badt, K. L. (2015). "A Dialogue with Neuroscientists Jaak Pankseep on the SEEKING System: Breaking the Divide between Emotion and Cognition in Film Studies," *Projection*, 9 (1): 66–79.

BBC Active (1996). Touched by Genius: A Neurological Look at Creativity. Princeton, NJ: Film for the Humanities and Sciences.

Bolt, Robert and Wilson, Michael (1962). In *Lawrence of Arabia*, directed David Lean. Culver City, CA: Colombia Pictures, pp. 9, 127.

Bordwell, D. (2007). *Narration in the Fiction Film*. Madison: University of Wisconsin Press.

Bordwell. D, and Thompson K. (2006). *Film Art: An Introduction*, 1st ed. New York: McGraw-Hill.〔デヴィッド・ボードウェル&クリスティン・トンプソン『フィルム・アート――映画芸術入門』藤木秀朗、飯岡詩朗、板倉史明、北野圭介、北村洋、笹川慶子訳、名古屋大学出版会、2007年〕

Bordwell, D., Thompson, K., and Staiger, J. (1985). *The Classical Hollywood Cinema: Film Style & Mode of Production to 1960*. New York: Colombia University Press.

Boyd, B. (2005). "Evolutionary Theory of Art," *The Literary Animal: Evolution and the Nature of Narrative*, edited by Jonathan Gottschall and David Sloan Wilson. Evanston, IL: Northwestern University Press.

Brunetiere, Ferdinand (1903). *Etudes Critiques*, vol. VII. Paris: Librairie Hachette et Cie.

Carroll, N., and Seeley, W. P. (2013) "Cognitivism, Psychology, and Neuroscience: Movies as Attentional Engines," *Psychocinematics: Exploring COgnition at the Movies*, ed. Arthur P. Shimamura, pp. 53–75. Oxford: Oxford University Press.

Christoforou, C., Christou-Champi, S., Constantinidou, F., and Theodorou, M. (2015). "From the Eyes and the Heart: A Novel Eye-Gaze Matric that Predicts Video Preferences of a Large Audience," *Frontiers in Psychology*, 6 (579): 1–11 http://journal.frontiersin.org/article/10.3389/fpsyg.2015.00579.doi:10.3889/fpsyg.2015.00579.

Cohen, A. J. (2013). "Film Music and the Unfolding Narrative." In *Language, Music and the Brain*, edited by M. A. Arbib, pp. 173–201. Cambridge, MA: MIT Press.

Cutting, James E., DeLong, Jordan E. and, Nothelfer, Christine E. (2009). "Attention and the Evolution of Hollywood Film," *Psychological Science* (2009). doi: 10.1177/0956797610361679.

Eliot, T. S. (1959). "The Art of Poetry No.1," *The Paris review* 21 (Spring-Summer).

Field, Syd (2005). *Screenplay: The Foundations of Screenwriting*. New York: Random House.〔シド・フィールド『映画を書くためにあなたがしなければならないこと――シド・フィールドの脚本術』安藤紘平、加藤正人、小林美也子、山本俊亮訳、フィルムアート社、2009年〕
Freytag, G. (1990). *The Technique of the Drama: An Exposition of Dramatic Composition and Art*, trans. E. J. MacEwan. Chicago, IL: Scott, Foresman.
Gottschall, Jonathan (2012). *The Storytelling Animal*. Boston, MA: Houghton Mifflin Harcourt.
Graesser, A., Singer, M. and, Trabasso, T. (1994). "Constructing Inference during Narrative text Comprehension." *Psychological review*, 101: 371–95.
Gregory, R. L. (1997). *Eye and the Brain: The Psychology of Seeing*. 5th ed. Oxford: Oxford University Press.〔リチャード・L・グレゴリー『脳と視覚――グレゴリーの視覚心理学』近藤倫明、中溝幸夫、三浦佳世訳、ブレーン出版、2001年〕
Gulino, P. J. (2004). *Screenwriting: The Sequence Approach*. New York: Bloomsbury Publishers.
Hayes, J. R. (1989). *The Complete Problem Solver*, 2nd ed. Hilsdale, NJ: Lawrence Erlbaum.
Howard, David and Edward Mabley (1995). *The Tools of Screenwriting*. New York: St. Martin's Griffin.
James, William (1890/1981). "Principles of Psychology." In *Sensation and Perception*, edited by E. B. Goldstein (2007), 8th ed. Belmont, CA: Cengage Learning.
Kellogg, R. T. (2013). *Fundamentals of Cognitive Psychology*. Los Angeles, CA: Sage Publications.
Kounios, J., and Beeman, M. (2009) "The Aha! Moment: The Cognitive Neuroscience of Insight." *Current Directions in Psychological Science*, 18(4): 210–16.
Lasseter, J., et al. (1995). *Toy Story*, directed by John Lasseter. Emoryville, CA: Pixar Animation Studios and Burbank, CA: Walt Disney Pictures, p. 36.
Martin, D. U., Perry, C., and Kaufman, J. H. (2016). "An Eye on Animacy and Intention," *Frontiers in Psychology*, 7: 829.
McKee, Robert (1997). *Story: Substance, Structure, Style, and the Principles of Screenwriting*. New York: HarperCollins.〔ロバート・マッキー『ストーリー――ロバート・マッキーが教える物語の基本と原則』越前敏弥訳、フィルムアート社、2018年〕
Michael, J. (2016). "What Are Shared Emotions (for)?" *Frontiers in Psychology*, 7: 412.
Nettle, D. (2005). "What Happens in Hamlet?" In *The Literary Animal: Evolution and the Nature*, edited by J. Gottschall, and D. S. Wilson. Evanston, IL: Northwestern University Press.
Oakey, Virginia and Constance Nash (1978). *The Screenwriter's Handbook*. New York: HarperCollins.
Pincus, David (2010). "And the Oscar Goes to... Our Brain?" *Psychology Today* (2010). https://www.psychologytoday.com/blog/the-chaotic-life/201003/and-the-oscar-goes-toour-brains.
Rapp, D. N., and Gerrig, R. (2002). "Readers' Reality-Driven and Plot-Driven Analysis in Narrative Comprehension," *Memory & Cognition*, 20(5): 779–88.
Salvi, C., Bricolo, E., Franconeri, S. L., Kounios, J., and Beeman, M. (2015). "Sudden Insight Is Associated with Shutting Out Visual Inputs." *Psychonomic Bulletin Review*, 22: 1814–19.
Simonton, D. K. (1997). "Creative Productivity: A Predictive and Explanatory Model of Carrer

Trajectories and Landmarks." *Psychological Review*, 104: 66–89.

Smith, N. (2003) "Dissociation and Modularity: Reflections on Language and Mind." In *Mind, Brain and Language*, edited by M. Banich and M. Mack, pp. 87–111. Mahwah, NJ: Lawrence Erlbaum.

Snyder, Blake (2005). *Save the Cat!: The Last Book on Screenwriting You'll Ever Need*. Studio City, CA: Michael Weise Productions.〔ブレイク・スナイダー『SAVE THE CATの法則——本当に売れる脚本術』菊池淳子訳、フィルムアート社、2010年〕

Sorkin, Aaron (2010). *The Social Network*. directed by David Fincher. Culver City, CA: Colombia Picture.

Storm, B. C., and Patel, T. N. (2014). "Forgetting as a Consequence and Enabler of Creative Thinking." *Journal of Experimental Psychology: Learning, Memory, and Cognition*, 40(6): 1594–609.

Suderman, Peter (2013). "Save the Movie!" *Slate*, retrieved from http://slate.com/articles/arts/culturebox/2013/07/hollywood_and_blake_snyder_s_screenwriting_book_save_the_cat.html.

Thomson-Jones, K. J. (2013). "Sensing Motion in Movies". In *Psychocinematics: Exploring Cognition at the Movies*, edited by Arthur P. Shimamura, pp. 115–32. Oxford: Oxford University Press.

Tognoli, E. and Kelso, J. A. S. (2014). "Enlarging the Scope: Grasping Brain Complexity." *Frontiers in Systems Neuroscience*, 8: 122.

Tomasello, M., Hare, B., Lehmann, H., and Call, J. (2007). "Reliance on Head versus Eyes in the Gaze Following of Great Apes and Human Infants: The Cooperative Eye Hypothesis." J. Hum. Evol. 52: 314–20. doi: 10.1016/j.hevol.2006.10.001.

Truby, John (2013). *Why the 3-Act Structure Will Kill You. Raindance*. retriecved online http://www.raindance.org/why-3-act-will-kill-your-writing/.

Vallet, G. T., Brunel, L., Riou, B., and Vermeulen, N. (2016). "Dynamics of Sensorimotor Interactions in Embodied Cognition." *Frontiers in Psychology*, 6 (1929). http://dx.doi.org/10.3389/fpsyg.2016.01929.

Vogler, Christopher (2007). *The Writer's Journey: Mythic Structure for Writers*, 3rd ed. Studio City, CA: Michael Wiesse Production.〔クリストファー・ボグラー『神話の法則——夢を語る技術』岡田勲監訳、講元美香訳、ストーリーアーツ＆サイエンス研究所、2002年〕

Warren, R. M. (1970). "Perceptual Restoration of Missing Speech Sounds." Science, 167: 392–3.

Wilder, Billy, and Chandler, Raymond (1944) Double Indemnity, directed by Billy Wilder, Los Angeles, CA: Paramount Picture, pp. 11–12.〔レイモンド・チャンドラー＋ビリー・ワイルダー『深夜の告白』森田義信訳、小学館、2000年、21–22頁〕

Wilson, Edward O. (2012). *The Social Conquest of Earth*. New York: W.W. Norton.〔エドワード・O・ウィルソン『人類はどこから来て、どこへ行くのか』斉藤隆央訳、化学同人、2013年〕

ポール・ジョセフ・ガリーノ（Paul Joseph Gulino）

脚本家・劇作家。多数の受賞歴あり。二本の脚本が映画化されているほか、ノンクレジット作品およびスクリプト・ドクターとして関わった作品多数。戯曲はニューヨークとロサンゼルスの劇場で上演された。南カリフォルニア大学で5年間脚本執筆を教えた後、1998年よりカリフォルニア州オレンジカウンティーのチャップマン大学で准教授を務める。

著書に『Screenwriting: The Sequence Approach』(Bloomsbury, 2004) がある。

コニー・シアーズ（Connie Shears）

チャップマン大学心理学部准教授、認知行動療法士。専門分野は言語理解と脳。

石原陽一郎（いしはら・よういちろう）

著書に『タッチで味わう映画の見方』、編著に『映画批評のリテラシー』、訳書に『ペドロ・アルモドバル　愛と欲望のマタドール』、『クリント・イーストウッド　孤高の騎士』（以上、フィルムアート社）、ドゥルーズ『シネマ2』（共訳）、カヴェル『眼に映る世界』（以上、法政大学出版局）など。

脚本の科学

認知と知覚のプロセスから理解する映画と脚本のしくみ

2021年1月30日　初版発行
2022年7月25日　第3刷

著者　ポール・ジョセフ・ガリーノ＋コニー・シアーズ
訳者　石原陽一郎

デザイン　戸塚泰雄（nu）
装画　millitsuka
日本語版編集　薮崎今日子（フィルムアート社）

発行者　上原哲郎
発行所　株式会社 フィルムアート社
〒150-0022
東京都渋谷区恵比寿南1-20-6　第21荒井ビル
tel 03-5725-2001
fax 03-5725-2626
http://www.filmart.co.jp/

印刷・製本　シナノ印刷株式会社

Printed in Japan
ISBN978-4-8459-1925-3 C0074